EUGENIO CURATOLA

L'AMORE NON HA BISOGNO DI TANTE PAROLE

#dodicirighe

HarperCollins

ISBN 978-88-6905-371-9

Prima edizione HarperCollins
luglio 2019

La mia playlist

The Night We Met – Lord Huron
Detectorists – Johnny Flynn
Heartbeats – José González
There She Goes – The La's
The Girl – City and Colour
Somewhere Only We Know – Keane
Lego House – Ed Sheeran
Naked as We Came – Iron & Wine
Don't Dream It's Over – Crowded House
Colour Me In – Damien Rice
Dark Clouds – Teenage Fanclub
Howie Day – Collide

Notte – di più equivale a straparlare

È notte. Ti scrivo adesso perché spero tu stia dormendo e non legga. O forse spero tu sia sveglia, da sola sotto le coperte, coi tuoi ultimi pensieri sulla giornata o su questa vita ancora breve ma così intensa che sembra iniziata dieci anni fa. O spero tu sia in compagnia e ti distragga, o che lui legga. Vorrei dirti che sono ubriaco, ché quando si inizia così ci sentiamo giustificati e possiamo dire tutto perché non lo pensiamo e vogliamo solo che l'altro resti incastrato nei nostri pensieri contorti. Ti dico questo: anche se fossi sbronzo, sarebbe un momento di lucidità. Non il più fine, sa di alcol. Sincero. Per poi dirti di ignorarlo. C'è che ti scrivo, è notte, e sai bene che la notte è il mio momento migliore. E nel mio momento migliore sto scrivendo a te. E credo ti basti sapere questo. Quello che volevo dirti non lo so, ma so che te l'ho detto. Di più equivale a straparlare.

Frequenze differenti

Viveva a qualche chilometro da casa mia. E quanto correvo per poter arrivare presto a casa sua e, prima che lei scendesse le scale, agitavo la mia maglietta per non far appiccicare il sudore. Andavo anche in bici, attraversavo la città, cercavo di passare nelle vie più ventilate per non sudare. Mi piaceva tantissimo il tragitto da casa mia a casa sua: mi dava il tempo di riflettere su cosa avrei potuto dire, sapendo che non lo avrei mai detto. Tutte le frasi e le dichiarazioni coraggiose che mi venivano in mente a ogni pedalata erano stravolte dal suo sorriso appena la vedevo. Penso di aver preparato circa cinquemila discorsi per dirle quanto mi piacesse. I suoi "ciao" non erano come quelli di tutti gli altri, come quelli di un familiare o di un amico. Per me avevano una vibrazione diversa. Come quando sei innamorato, sentivo queste frasi a frequenze differenti, che nessun altro poteva capire.

Combaciami ancora

Non saprei dire chi dei due (tu) fece il primo passo. Mi aspettavo di vederti in compagnia, dovevi esserlo. Non chiesi nulla, feci finta di niente. La ragione per cui sono ancora vivo è che quando non so cosa dire, respiro. Anche se tu eri brava a togliermi il fiato. Iniziò *Baciami ancora* di Jovanotti, una canzone che ci imbarazzò. Non saprei dire chi (io) prese l'altro e iniziò il lento dei ricordi. Quando misi la mano sul tuo fianco sembrava ci fosse ancora la forma delle mie dita che combaciava perfettamente, come anche le tue sulla mia spalla. La tua mano scivolava dalla mia, sudata. Non sapevamo cosa dire. Hai appoggiato la testa sul mio petto, in quel posto dove solo tu sapevi tenerla. E ancora combaciava. "Baciami ancora." Non saprei dire chi (entrambi) avesse avuto la sensazione che fosse stato l'altro a dirlo e non il cantante, o forse volevamo crederlo, ma non ce lo facemmo ripetere di nuovo.

Il nostro bacio

Il tuo naso appoggiato
al mio
la tua pelle sulla mia barba corta
la tua mano
che tocca il lobo del mio orecchio
e la mia che ti passa tra i capelli
le palpebre dei tuoi occhi
che si chiudono con le mie.
Parti di te
e parti di me
che diventano
il nostro bacio.

A te

A te che hai appoggiato la testa sulla mia spalla, ridendo, o forse non lo hai fatto e l'ho solo sperato, ma io mi sono appoggiato sul tuo cuore, piano, senza svegliarti. Sono un fan dei sussulti emotivi, dei sentimenti sopiti e poi elettrizzati. Di quelle montagne russe nel cuore che potresti evitare ma sulle quali continui a salire perché non puoi farne a meno. A te che mi hai guardato, o forse non lo hai nemmeno fatto né mi hai visto, ma io ho sbirciato ogni frammento del tuo viso e ho ricostruito un po' del tuo passato senza che tu avessi aperto bocca. Quella bocca che tanto vorrei. A te che sei perfetta anche se non lo sai e non hai creduto mai a tutti gli altri che finora te lo hanno detto. Ti scrivo queste parole che probabilmente non leggerai. Ma, anche se non lo farai, te le sussurrerò dai miei occhi. E quando mi sorriderai perché non te lo aspettavi, sarà il momento più bello.

Per un attimo – invidia

Mentre ero al bar, ti sei seduta al tavolino di fronte al mio con un'amica. Mi piaceva guardarti mentre spostavi le briciole rimaste sulle tue labbra. E per un attimo ho provato invidia di quelle briciole. Mi piaceva il modo in cui bevevi il cappuccino e non ti accorgevi che un po' di schiuma era rimasta sulle tue labbra. E per un attimo ho avuto invidia di quella schiuma. Parlavi e per un attimo ho avuto invidia delle parole che dicevi perché potevano stare così vicine alle tue labbra. I due denti davanti erano un po' separati, ma forse per questo sembravi più naturale di tanta gente. E per un attimo ho avuto invidia di quei denti che usavi per morderti le labbra con sensualità. Di attimo in attimo mi rendevo conto che avevo perso la mattinata a invidiare parti del tuo corpo, piuttosto che a farmi avanti e rivolgerti le parole che avrebbero potuto finalmente sfiorare le tue labbra.

Labbra

Su quali labbra hai lasciato il sapore di mare, il sapore del sale dopo una nuotata, dopo che ti ho fatta cadere giù nel fondo per scherzo e poi hai acchiappato anche me dalla punta dei piedi e mi hai trascinato in quei fondali così cristallini? Su quali labbra hai lasciato il sapore del gelato alla vaniglia col cioccolato che si squagliava quell'estate, colava ai bordi e recuperavi in scivolata per non perderne nemmeno un angolino? Su quali labbra hai lasciato il sapore di sangue dopo che ti eri morsa mentre mangiavi una pesca e hai chiuso gli occhi per il dolore, hai agitato le mani per il nervosismo? Su quali labbra hai lasciato il tuo sapore dopo una lunga dormita, schiudendole piano in un sorriso meraviglioso che incorniciava il tuo volto e i tuoi occhi minuscoli e assonnati? Su quali labbra hai lasciato la tua anima? Sulle mie. E prima o poi dovrai venire a riprendertela.

I tuoi occhi

Nei tuoi occhi
vedo i miei sogni,
nei tuoi nei
le stelle sotto le quali
ti darò il primo bacio.
E la differenza
tra gli occhi tuoi
e quelli di chiunque altra
è che nei tuoi
mi piace perdermi
perché poi so
che verrai a cercarmi.

Custodire

Mi interessa il tuo modo di pensare
e di vedere le cose.
Mi piace il modo in cui le assorbi
con le tue pupille,
le assapori con le tue labbra,
e le custodisci con quelle mani
e le fai tue.
Mi piace che,
dopo tutto questo pensare, vedere e assorbire il mondo,
torni sempre ad assaporare le mie labbra
mi custodisci tra le tue mani
e mi fai tuo.

Il lobo dell'orecchio

Ti tocco il lobo dell'orecchio perché mi rassicura. Mi fa sentire in pace. Chiamala follia, chiamalo feticismo. Tocco il lobo del tuo orecchio e lo sfrego per esprimere un desiderio. Lo faccio per cercare qualche suono che ti è rimasto impresso e che mi possa fare compagnia nelle giornate in cui non ci sei. Provo a cancellare parole sbagliate che ho detto e che ti hanno ferita, lo sfrego forte per chiederti scusa. Accarezzo il lobo del tuo orecchio per dire che ci sono, lo sfioro delicatamente per non svegliarti mentre dormi e per ricordarti che il mattino dopo sarò ancora con te. E il mattino dopo ancora. Quando sei pensierosa, mi avvicino e azzardo un bacio, piano, per non disturbarti, ma abbastanza vero da farti girare per fartene dare uno sulle labbra. Tocco il lobo del tuo orecchio e tu sorridi con la coda dell'occhio. E tutto ciò che ti fa sorridere è buono. E fa sorridere anche me.

Sei

Sei l'incrocio perfetto
di tutte le strade
che ho percorso
e baciarti è stato il punto di contatto
tra quello che desideravo
e la realtà.
Sei l'unica risposta
che mi fa sorridere davvero
quando mi faccio
qualsiasi domanda.
Sei quella
che fa al caos mio.

Non fiori ma tachipirine

Potrei stare qui a dire che il vento le soffiava tra i capelli mentre eravamo in bicicletta. O che una delle sue ciglia era sulla guancia e gliel'ho tolta io perché lei non la trovava. Che abbiamo guardato le stelle assieme, e camminato così vicini da annullare qualsiasi concetto di distanza. Potrei dire queste cose, e forse sono anche accadute. Ma il vero momento per me, quello in cui ho capito tutto, è stato quando le ho portato la tachipirina a casa mentre era a letto malata, coi capelli scombinati, il pigiama di lana antiestetico, di quelli che nascondi agli estranei, e le ho baciato la fronte sudata mentre si nascondeva per la vergogna e per gioco. E quando le ho detto che me ne andavo per lasciarla riposare mi ha stretto la mano e si è addormentata subito perché anche mentre sognava di stare bene, col vento tra i capelli, con le ciglia sulla guancia e sotto le stelle, voleva che ci fossi io.

La corazza

Quanto era bella
la mia corazza
costruita
in anni e anni
di paure.
Ma
molto più bello
è stato
il tuo sorriso
che
l'ha disintegrata
in un secondo.

Macchina fotografica

Un giorno qualunque, che qualunque non sarebbe più stato, per un attimo i miei occhi diventarono una macchina fotografica e le scattarono una foto. Era una cosa che non mi era mai successa, dico io: ma che razza di meccanismi cerebrali abbiamo? In quell'istante tutte le mie altre attività mentali si fermarono per concentrarsi solo sul processo, più importante anche della semplice respirazione, che mi risultò difficoltosa. Ho sentito il clic, lo sviluppo della fotografia nelle camere più oscure del mio cervello, e poi il cuore più leggero. Com'era possibile che quel sorriso si fosse stampato dentro di me ma il mio cuore fosse più leggero? Pensavo al rullino della Canon rossa di mio padre, alla memoria dei cellulari e la cosa in comune era che, dopo aver scattato una foto, rimanesse meno spazio da usare. E lei quello spazio lo aveva occupato. Ma il mio cuore era più leggero.

Attimi – diapositive e rullini

Ricordo la macchina fotografica di mio padre: colore rosso, un laccio scuro sottile, l'obbiettivo che faceva un rumore strano. Sceglievamo bene il posto dove fare la foto, soprattutto se eravamo all'estero e la certezza di tornarci era inferiore. Uno dei miei momenti preferiti era vedere le diapositive assieme nella cucina. Se premevi forte il pulsante del telecomando, tornavi alla diapositiva precedente. E avere quel telecomando trasmetteva il potere di far tornare alla memoria tanti ricordi. Mi emozionavo tenendolo in mano, mi sentivo padrone del tempo e dei ricordi. Ero un bambino, ma sarebbe lo stesso anche adesso. Quegli attimi, quelle diapositive e quei rullini avevano un "per sempre" nelle loro immagini. Adesso, che faccio foto col cellulare, sento di aver perso quel "per sempre" che provavo pigiando il pulsante del proiettore e ascoltando il rumore della macchina fotografica.

Apnea

L'attimo prima che un cantante canti e senti che prende il respiro e attendi che esca quel suono. Un momento di apnea. Quando guardi un figlio, continui a ripetere parole nella speranza che ti imiti, e c'è quell'attimo in cui apre la bocca e prende il respiro e attendi che esca quel suono. Un momento di apnea. Sul letto d'ospedale, guardando chi sta per lasciare questo mondo mentre si aggrappa alla vita, ogni respiro è una conquista. E attendi che esca quel suono lieve dalla bocca e dalle narici. Un momento di apnea. Quando chiedi alla ragazza che ti piace da morire di uscire con te, la prima volta, e sta per rispondere mentre ti guarda contorcerti dall'emozione e tu attendi che esca quel suono. Un momento di apnea. Tutti questi momenti di apnea quando ti immergi nei ricordi e nei pensieri e stai con gli occhi chiusi per non guardare fuori e concentrarti solo su ciò che hai dentro.

Tatuaggio

Le chiesero:
«Perché non ti fai un tatuaggio
dove hai quelle cicatrici?».
Lei rispose sorridendo, con tono di orgoglio
per il fastidio che creavano alla vista altrui,
che non voleva nasconderle
e che servivano per ricordarsi
dei momenti peggiori
che aveva superato e
anche per gli altri,
perché avrebbero capito
che non si sarebbe arresa facilmente.

Odori

Odori.
Dei miei ricordi di bambino.
Di cadute dalla bicicletta e dalle prime nuvole.
Di prato bagnato d'estate dopo che l'irrigatore è passato mille volte.
Di pane appena sfornato alle sei di mattina.
Di pacco appena scartato.
Di carta del libro mai aperto.
Di inchiostro, questo che uso per descrivere il tuo odore.
Di ciò che sei stata prima di incontrarmi.
E di tutto ciò che voglio conoscere ancora.
E se l'amore, quello vero, potesse avere un odore
sarebbe il tuo.

Lavatrice

Mi sedevo davanti alla lavatrice mettendo nel cestello tutti i panni che avevo usato quando stavo con lei. Anche vestiti che erano stati a lungo i miei preferiti. Impostavo i programmi più lunghi e con la centrifuga potente. Non volevo rimanesse niente di lei, né l'odore né il segno di alcun contatto. Avevo spruzzato vari profumi nell'armadio per neutralizzare la sua presenza olfattiva. Non mi interessava nemmeno che i miei vestiti si stingessero: anche se fossero diventati grigi, mi sarebbe andata bene lo stesso. In fondo, il risultato avrebbe rispecchiato il mio stato d'animo. Ma i colori restavano senza alcun peggioramento. Gli odori quasi si acuivano, come se mi volessero sbeffeggiare per convincermi che era tutto inutile nonostante i miei sforzi. Solo dopo mesi mi resi conto che non avevo mai messo il detersivo e che, in realtà, non ero veramente pronto a non sentirla più.

La pila immacolata

I pantaloncini su cui avevi appoggiato le gambe stanche. La maglietta sudata che cercavo di profumare agitandola al vento. Il cappello che mi hai preso e che ti sei messa per farti rincorrere sollevando la sabbia verso ombrelloni altrui. La camicia che indossavo quando volevi farmi assaggiare quel dolce e che hai macchiato perché si era già sbriciolato nel cucchiaino. Il foulard che indossavo per l'aria condizionata, lo stesso che hai usato per giocare a nascondino. Ti avevo avvertita che se ti avessi trovata ti avrei baciata, e tu non ti sei impegnata più di tanto devo dire. Guardo questo ammasso informe di vestiti e accessori e penso agli effetti della lavatrice. Alla perdita della macchia, del tuo odore mescolato col mio e del tuo tocco. Sono passati mesi e ho preferito rifarmi il guardaroba lasciando, in un angolo, quella pila immacolata dove mi reco in pellegrinaggio di tanto in tanto.

Accappatoio

Non andare via:
hai lasciato il mio accappatoio col tuo profumo
sulla sedia.
Non andare via:
hai lasciato i tuoi capelli nel lavandino e nella doccia.
Non andare via:
hai lasciato tutto quello che volevamo
qui sulla scrivania.
Hai lasciato quello che siamo stati
nelle nostre foto.
Ma, se ti sposti un po',
dimmelo che mi metto accanto a te.

Sensi

Quanto era bello sentire l'odore dei tuoi nervi quando le tue pulsazioni acceleravano per una qualsiasi emozione forte che provavi in mia presenza. Un odore tutto tuo. E io amavo quella tua unicità. Sentivo la tua gioia nelle mie mani quando appoggiavi il tuo sorriso sui palmi. Lo sentivo ed era indescrivibile. E per non perderne neanche un po', stringevo il pugno appena sollevavi le tue dita dalle mie. Quanto mi piaceva sentire il sapore dei tuoi sentimenti che sapevano sempre di buono, e ascoltarli crescere giorno dopo giorno. Nessuna vista amara con te. Stare con te aveva sballottato tutti i miei cinque sensi e tutto aveva un senso suo, ed era bello così. Ma ora che non ci sei, cosa me ne faccio degli odori di questa primavera, di toccare fiori che nascono e sentirli tra le mie dita, di ingoiare un petalo per sbaglio? Cosa me ne faccio di questa perfetta corrispondenza dei sensi?

Ricorderò

Mi ricorderò dei teli da mare stesi in cucina. Mi ricorderò di quei capelli bagnati, arruffati, che si muovevano nell'aria con grazia. Mi ricorderò di quando ci si è incrociati nei corridoi, di come ci si nascondeva quando ci si lavava i denti. Mi ricorderò della buonanotte in cui da una guancia all'altra c'era quell'attimo eterno di voglia di fermarmi nel mezzo. Mi ricorderò di quegli occhi, che mi facevano sentire un'isola in mezzo al mare. Mi ricorderò di come andavamo ognuno nella propria stanza e io speravo che venissi da me. Che ti sentissi incompleta. Mi ricorderò che ho bevuto un bicchiere di acqua ghiacciata e coraggio mai avuto. Mi ricorderò che avevo finalmente smesso di aspettare e di chiedermi se anche tu vagavi per la stanza in attesa, se saresti venuta a salvarmi. So che potrò ricordarmelo perché nel mio cuore è già successo. E chissà se anche nel tuo.

Appunti su amori estivi

Il problema di innamorarsi d'estate
è che spesso si confonde il calore delle emozioni
col calore emanato dal sole.
E ci lasciamo bruciare, senza mettere creme.
Ma quando arriva l'autunno,
quel calore che viene dalla pelle
di chi pensavamo ci stesse scaldando il cuore,
non ha più l'intensità che avevamo creduto.
L'abbronzatura va via, ti spelli,
e restano solo i ricordi sulla tua pelle bianca
che si prepara a superare l'inverno,
aspettando le illusioni di un'altra estate.

Ballo di fine anno

Ti avevo intravista alla pineta, quella con il bar dove gli adulti prendevano il caffè che per me era proibito tanto quanto la birra. Suonavano alla radio i Simply Red con *If You Don't Know Me by Now*. Tu in mezzo ai tuoi genitori camminavi spiegando qualcosa, e ti vedevo impegnarti, gesticolare. Io nel frattempo inciampavo immaginandoci in una palestra come quelle americane da ballo di fine anno, con i soffitti alti, le luci fighe e i canestri senza palloni da tirare. Io e i Simply Red, io che ti pesto i piedi, balliamo in mezzo a quei bicchieri rossi che si vedono nei film dove sono tutti sbronzi e provano a entrare nelle confraternite. Il mio rito di iniziazione al mondo dell'amore sarebbe stato il mio primo bacio con te. E quando pensavo di avvicinarmi a te, la canzone finisce, mio fratello mi molla uno schiaffo sul collo e tu sei già via. Ma ti rivedrò. Al prossimo ballo di fine anno.

Cuore ballerino

Ah, il tuo cuore ballerino.
Posa il biancospino
e la tazza di camomilla
e lascia che prenda per mano
quel tuo muscolo impazzito
e danzi fino all'alba
del giorno nuovo
senza farti affaticare
e poi lo accompagnerò a casa,
senza salire,
accarezzandolo
e aspettando un nuovo ballo.

Crema solare

Una volta arrivati al mare, mi tolsi la maglietta di fretta, perché non avevo un fisico interessante da mostrare in moviola. Tu avevi il costume intonato al mio. Le ferite sotto l'inguine e sulle gambe tradivano la tua età, in cui io supponevo fossi capace di rimuovere i peli superflui. Con molta naturalezza mi chiedesti di spalmarti la crema sulla schiena. Il sole era forte ed eri bianchissima, come me. Per farmi passare l'imbarazzo ti chiesi di raccontarmi qualcosa della tua vita mentre cercavo di non lasciare parti scoperte. Sia per evitare un tuo rimprovero, sia perché mi piaceva accarezzarti. Mi raccontavi tante cose e io, con metodo e decisione, ti spalmavo la crema che sembravo un pittore. A fine giornata non ti abbronzasti, perché 200 ml di crema avevano creato una barriera pazzesca, mentre io mi ritrovai col tubetto vuoto, la pelle e il cervello cotti al sole e il cuore pieno di te.

Cotta

Quando ho iniziato ad avere una cotta per te, non me ne sono reso conto. I miei impulsi hanno una lentezza incredibile nel passare dalla parte irrazionale del mio cervello agli altri organi per farmi agire. Restano parcheggiati in un limbo di felicità e leggerezza che si trova da qualche parte nella mia corteccia. Mentre continuavo ad avere una cotta per te, non ho proprio pensato di chiederti qualcosa di più. Mi bastava averti vicino e cuocere lentamente nel mio brodo di falsa sufficienza emotiva. Questa cotta che ho alimentato ogni volta che mi lanciavi uno sguardo o respiravi, anche se continuavo a dirmi che non era niente. Non so se sei stata tu la vera fiamma o se è stata un'autocombustione mentale. Tra impulsi rallentati e brodi primordiali di amore, mi sono lasciato bruciare lasciando il fumo di un amore consumato esternamente ma immacolato nel profondo.

Mare e tuffi

Non è il tuffo, che mi spaventa. La prima volta che sprofondai senza volerlo fu quando mi scoppiò uno dei braccioli. Nonostante la paura, sapevo che quel giorno sarebbe arrivato, anche se avrei preferito sceglierlo con cura invece di subirlo. Io gli occhi sott'acqua non li so aprire, brucia troppo. Le gambe le muovo poco perché mi vengono subito i crampi. Il mare preferisco berlo dalla tua pelle quando esci dopo una nuotata e io ti aspetto sulla battigia perché mi prendo un sacco di tempo aspettando che l'acqua diventi più calda – come se un cameriere fittizio potesse offrirmela tra le opzioni. Cosa che non avviene mai. Bisogna immergersi, inutile aspettare. Ma gli occhi continuo a non volerli aprire, preferisco guardare il mare sotto forma di gocce che scivolano su di te. L'acqua continuo a berla dalla tua pelle. E così, per non bruciarmi e non affogare, resto sulla tua superficie.

Grissini + Nutella

C'erano quei bambini che si tuffavano dallo scoglio più alto (che chiamavamo ridendo lo "scoglione") e aspettavano ti girassi a guardarli. Io ero quello che non voleva fare record, che nemmeno correva il rischio di essere umiliato. E restavo sotto l'ombrellone a mangiare le pesche che portava mia madre e ti osservavo mentre ascoltavi musica con il walkman e avevo paura che il ferro delle cuffie potesse farti male. Che ne potevi sapere tu di queste mie preoccupazioni? E mentre gli altri ti offrivano cioccolatini con contenuto alcolico, io avevo l'Estathé e un pacchetto di grissini + Nutella che non ti avrebbe colpita ma ero sicuro ti sarebbe piaciuto. Che ne sapevi di quell'estate, forse mai esistita, se non negli occhi di un bambino che moriva dal caldo e dalla voglia di parlarti anche solo un secondo e che ti ha vissuta solo attraverso i suoi sguardi timidi ma sinceri?

Frutta sbucciata

Ricordo la casa al mare, i ragazzi con lo stereo sulla spalla e quelli più grandi con l'autoradio a volume proibitivo mentre passavano sulla strada che costeggiava la spiaggia. I muretti tra una villetta e l'altra alti poco più di un metro che mi sembravano muraglie cinesi inespugnabili. La sabbia tra le dita, i miei fratelli che stavano in giro anche dopo cena. Ricordo i castelli di sabbia e ricordo che di castelli per aria ancora non riuscivo a farmene. Litri di crema spalmata sulla mia pelle che mi rendeva così scivoloso da essere campione di "acchiapparello". Ricordo che non capivo niente di quanto fosse romantico un tramonto, ma che quando vedevo una bambina qualsiasi mi nascondevo dietro la frutta che mi sbucciava mia madre. E penso a quante volte mi avrebbe fatto comodo avere la frutta di mia madre per nascondere le mie emozioni di adolescente e adulto.

Cortile I – ginocchia sbucciate

Ricordo i miei amici chiamarmi gridando dal cortile per scendere a giocare e io che dovevo rimandare per finire i compiti. Dopo cinque minuti d'orologio, ero già sotto con i calzettoni alle ginocchia, pantaloni ascellari alla Fantozzi e maglietta del Barça comprata a poche lire. Le auto parcheggiate non ci fermavano. Il pallone incastrato sotto i parafanghi andava scalciato a tutta forza. La composizione delle squadre. Se ti offrivi per il ruolo di portiere era la garanzia di essere preso nella squadra più forte (nessuno voleva mai andarci in porta). La pausa alle cinque. Gli allarmi che suonavano, noi che scappavamo. Le urla delle madri – non c'erano SMS o telefoni – perché la cena era pronta. Non avevamo l'orologio: la stanchezza e la fame erano le nostre lancette. Ripasso ora, c'è un silenzio innaturale. Dove sono il bambino coi pantaloni ascellari e i suoi amici che dovevano rimpiazzarci?

Cortile II

I palloni sotto le macchine, recuperati prendendoli a calci e col grasso delle ruote sulle cosce. "Ve lo buco questo pallone!" che risuonava mille volte al giorno dai balconi dei palazzi. Ma alle nostre suppliche ci veniva sempre restituito. La voglia di non crescere e la paura di doverlo fare. Ogni giorno nel cortile che non sembrava mai poter essere l'ultimo. Il primo pelo sul viso e i brufoli in anticipo. Il gelato in bottega e i ragazzi più grandi che ormai avevano la macchina e l'autoradio e tu non potevi proprio competere. Svegliarsi già grandi un'estate e non sentire più le urla dei tuoi coetanei che ti vengono a chiamare. Buttare i pantaloncini ascellari. Appendere l'infanzia al chiodo come un quadro che ogni tanto guardi con nostalgia. E la speranza di sentire ancora il tuo nome chiamato dalla finestra e chiedere il permesso a tua madre che ti dice di giocare ma non sudare.

Milza e cuore

Giocavo a calcio, ero anche abbastanza veloce. Ma quanto cavolo correvo quando c'eri tu a guardarmi. Facevo finta di niente, non ti fissavo mai direttamente anche se la mia vista divisa tra il pallone e te mi dava un po' di nausea e qualche problema di posizionamento sul campo. Così, quando ti giravi da un'altra parte prendevo fiato e mi sentivo male, con la milza che scoppiava e il cuore a mille a causa tua, forse, più che per lo scatto sulla fascia. Noi tutti volevamo far colpo su qualcuna di voi, finendo per creare situazioni ridicole come gol a porta vuota con uscite insensate del portiere o il recupero di palla del giocatore più scarso a uno più bravo. E mi fa sorridere pensare a quel cameratismo. E mi fa male la milza e ho il cuore a mille se penso al tuo sguardo e a me che cercavo di dribblarlo inutilmente per non incespicare troppo nei tuoi occhi che forse avevano capito tutto.

Sportiva

So che sei una ragazza sportiva, ma io preferisco avere il cuore a mille perché mi chiami piuttosto che per una corsa sul tapis-roulant. I crampi, quelli mi piacerebbe averli perché ci siamo seduti con le gambe incrociate a guardar le stelle e non riusciamo più a sbrogliarle. Il dolore ai polpastrelli, lo accetterei senza problemi se fosse perché ho suonato la chitarra facendo il barré con canzoni assurde per impressionarti, non perché sono rimasto appeso alla sbarra. La tartaruga, quella potrebbe anche arrivare dopo ore di addominali, ma io preferisco regalartela e scegliere assieme un nome e darle da mangiare. Per anni mi sono allenato, ho applicato e dimenticato il *fair play*, ma l'amore non è uno sport e per quanto possa avere qualche tattica in mente, preferisco continuare a essere totalmente impreparato e farmi venire i crampi e perdere il respiro stando fermo davanti ai tuoi occhi.

Impreparato

L'amore, quello vero,
ti coglie impreparato.
Non è quello di cui hai già scritto
o parlato con gli amici.
È una sorpresa.
È bello,
ti fa arrabbiare, sbattere le porte, allontanare.
Ma poi ci torni,
senza essertene mai andato veramente.
L'amore,
quello vero, ti accoglie impreparato.
E non ti lascia andare più.

Sport estremi

Lei mi disse che voleva fare sport estremi, che cercava l'adrenalina. Buttarsi col paracadute da un ponte, fare le rapide in canoa. Io la ascoltavo impaurito. Quando smise di parlare, notando l'ansia, mi chiese: «E tu, hai mai fatto sport estremi?». Ero consapevole della mia completa mancanza di voglia di morire da altezze assurde, soprattutto date le mie vertigini. Per cui per me già guardare dal secondo piano di un palazzo potrebbe essere considerato alla stregua di attraversare quei ponti sospesi nel vuoto fatti di minuscole assicelle di legno. Pensavo: c'è forse qualcosa di più estremo del vuoto nello stomaco, della mancanza di appetito, della paura di un rifiuto, delle mani sudate e dell'adrenalina in corpo quando stai per dire qualcosa alla persona per cui hai una cotta? Visto il mio silenzio, mi richiese: «Allora?». E io, sorridendo, le risposi: «Innamorarmi. Questo è il mio sport estremo». E lei sorrise.

Romanticismo estremo

Non mi dispiacerebbe annegare, se fosse nei tuoi occhi. Non mi dispiacerebbe perdere il respiro, se fosse per baciarti. Non mi andrebbe poi così male se perdessi l'udito nel sentirti cantare la mattina. Oppure non vedere più perché il tuo aereo passa accanto al sole e io, alzando lo sguardo per salutarti, rimanessi accecato. Se il tuo cane mi mordesse il polpaccio, no amore non mi dispiacerebbe saltellare con l'altra gamba per portarti i fiori fino all'ingresso. So che non ti dispiacerebbe sentire queste cose che sanno di romanticismo estremo. Però in fondo mi dispiacerebbe non poter respirare nel tuo respiro, o ascoltarti quando dici che mi ami, o guardarti mentre ti svegli al mattino. C'è chi lo farebbe per te. Ma non preferiresti avere qualcuno al tuo fianco invece del ricordo di gesta tanto prodigiose? Spero che potrai amarmi lo stesso mentre ti resto vicino, vivo e integro.

Quando mi hai baciato

Quando mi hai baciato
mi hai colto alla sprovvista:
avevo gli occhi aperti
e il mio sguardo
è rimasto impigliato nei tuoi capelli.
Quando mi hai baciato
non era un momento romantico:
parlavo di frigoriferi
e discariche abusive.
Quando mi hai baciato
è stato il momento perfetto
perché a baciarmi sei stata tu.

E dammelo

E dammelo questo bacio
che è da una vita che lo aspetto.
Dammelo prima tu,
che io ho paura.
Perché se sbagliassi
non saprei come tornare indietro.
E far finta di non conoscerci più
mi ucciderebbe,
finirei per non riconoscere più me stesso.
E dammelo questo bacio
che è da una vita che lo aspetto
da te.

Capirò

Capirò che è la donna della mia vita quando, incontrandola per caso a Monteverde, la inviterò a cena fuori ma a casa mia, e leggendo i miei occhi saprà che sono tranquillo ma agitato. E allora per farmi sentire a mio agio, si agiterà anche lei sembrando tranquilla. Capirò che è la donna della mia vita quando aprirò il freezer e le dirò che ho solo i sofficini e risponderà che anche lei aveva solo quelli a casa, perciò è come se stessimo mangiando a casa nostra. E mi verrà un sorriso perché mi solletica l'idea e allora anche lei sorriderà. Capirò che è la donna della mia vita quando le dirò che sono fatto di acqua per l'ottanta per cento e mi risponderà che anche lei lo è, che anche a lei esce il sangue quando si fa un taglio. Capirò che è la donna della mia vita quando sarò arrabbiato e mi bacerà sul naso. E mi costringerà a fare pace, ché la vita è una sola e anche lei lo è. Chissà se lo capirà mai.

Prima di conoscerti

Ti ho amata prima di conoscerti. Prima che il mio sguardo si posasse sul tuo e il tuo sul moscerino che c'era sulla mia spalla. Quando da bambino vedevo gli adulti tenersi per mano, guardavo la mia che sudava sempre e difficilmente la immaginavo in quella di qualcun'altra, io sapevo che c'eri. Non ti conoscevo, ma ti amavo già per le tue dita. Tra i compagni di scuola, di giochi e di tanto altro, si formavano coppie ma io non avevo fretta. Sapevo che saresti arrivata. Non ti conoscevo, ma ti amavo già per il tuo sorriso. Nelle lettere che scrivevo, nelle immagini che avevo mentre fissavo il soffitto della mia stanza, c'era tutto di me e di te. Non ti conoscevo, ma ti amavo già per la tua timidezza. Ora che hai spostato questo moscerino dalla mia spalla, so che tutta questa attesa non è stata vana. Ti amavo già prima di conoscerti e adesso, che finalmente ti ho incontrata, posso dirtelo.

Sfaccettature

Quante sfaccettature di noi ci perdiamo. Forse la persona della nostra vita è quella che, con delicatezza, senza piatti d'argento per servircele, senza scopa e paletta per raccoglierle o stracci per lavarle via, è quella che ce le porge piano piano. Che ce le sussurra, che ce le ricorda, che un po' ne ha timore a volte, ma lo fa comunque. E noi ci sconvolgiamo. Perché ci sembra impossibile ricordare chi siamo senza essere investiti da un treno di emozioni. E, invece, possono esserci delle mani delicate che ci porgono questi frammenti, a volte così taglienti, che ti vien voglia di dire: "Chi te lo ha fatto fare che ti tagli!". O così fragili che nemmeno tu volevi venissero trovati. E in quel taglio c'è tutto l'amore. E ora c'è la persona della nostra vita. Che non è un treno o un colpo di fulmine, ma una mano delicata che non ha paura di tagliarsi con i frammenti fragili delle tue sfaccettature.

Vestito bianco

Guardo il tuo viso e ripenso a quando sfioravo i tuoi lineamenti. Ti fidavi delle mie mani e chissà dove andavi col pensiero. E una brezza mi colpiva lungo la schiena, dal cervello all'osso sacro. Capii che era amore. Pensavo di essere più scaltro di te e volevo dirtelo, ma quando hai aperto gli occhi ho capito che lo sapevi già. Guardo le tue scarpe e penso a quando si erano riempite di sabbia quella sera mentre guardavi il cielo e io, che pensavo di essere più scaltro di te, mi ero inginocchiato per sorprenderti ma tu, con gli occhi al futuro, dicesti di sì. Guardo il tuo vestito bianco, accanto a me, e mi chiedo se anche tu sei stata attraversata da una brezza oggi. Mi avvicino al tuo orecchio per chiedertelo ma tu, che sei più scaltra di me, mi prendi la mano. E una brezza va dall'anulare sinistro fino al mio cuore. E so che quella brezza sei proprio tu.

È tutto diverso

È tutto diverso
perché sei tu
che rendi tutto diverso.
L'aria è più buona,
le piogge
non sono più
tanto acide
e l'acqua del rubinetto
non ha il calcare.
È tutto diverso
perché con te
è tutto più bello.

Infinitesimo

L'anima gemella è una sola, non prendiamoci in giro. Tutte le altre, per quanto possano averti coinvolto fino al midollo, non lo sono. L'anima gemella è una sola, le restanti si avvicinano, fino a una distanza infinitesimale. E quando sei a letto e le guardi dormire, quando le imbocchi per divertimento o per necessità in età avanzata, quando le vai a prendere in stazione, sai che c'è. Quel sospiro di infinitesimo distacco dall'anima gemella. Se non l'hai mai incontrata, sentirai probabilmente solo una sensazione di evasione da un impegno. Ma se l'hai avuta tra le tue braccia, sai già tutto. Questo infinitesimo di differenza che ti porterai in ogni donna che incontrerai e che ti farà comunque stare bene per un giorno, un mese, un anno. O anche una vita intera. Ma sarà sempre lì, e tu a un infinitesimo dalla vera felicità. Se non ti mentirai. Non è da calcolare, non c'è formula. È nel tuo cuore.

Non ho i soldi sufficienti

Non ho i soldi sufficienti per offrirti un caffè: gli ultimi li ho spesi per il mio poco fa, ma ho pensato che se mi baci è lo stesso. Non ho i soldi sufficienti per due biglietti del treno, ma ho pensato che se ti siedi sulle mie gambe il controllore non ci darà noia. No? Non ho i soldi sufficienti per entrare con te a quella mostra di pittura di cui leggi i manifesti da giorni, ma ho pensato di darti i miei walkie-talkie e descriverti tutto. Hai occhi sinceri e mi piace la tua voce. E io sarò comunque con te. No? Non ho i soldi sufficienti per offrirti altro se non me stesso e queste mie proposte. Dicono che i soldi non fanno la felicità. Tu fai la mia. E forse un giorno avrò il coraggio di dirti queste cose quando mi passerai davanti come ogni mattina, anche se sono certo che mi ignorerai e allungherai il passo. Perché, purtroppo, per te sono solo uno dei tanti senzatetto fermi sulle scale di questa stazione.

Stazioni e inganni

Qui c'è chi inganna l'attesa e chi inganna se stesso. Chi inganna la persona a fianco (che la conosca o meno), nascondendo ansia e paura per la lontananza futura o felicità per la liberazione da una presenza non gradita. Non sono le valigie a pesare ma i pensieri dei viaggiatori che corrono per non perdere un'occasione. Magari l'ultima della vita. Ma c'è anche chi si trascina lentamente sperando che il treno sia già partito per perderla di proposito e maledire ad alta voce quel momento, benedicendolo nel profondo del cuore. C'è chi spera che sia in ritardo per poterci ripensare almeno un'altra volta, guardandosi indietro senza voltarsi, per ridurre la tentazione forte di uscire di lì. Mentre io sto qui seduto in attesa del numero del binario, osservo con falso distacco questo girone infernale di anime in continuo movimento, soltanto alla ricerca di loro stesse.

Vizio

Scendere dal treno, da solo, e cercare un'uscita. Guardarmi attorno e vedere lui scendere nervosamente dal treno, con una sigaretta in mano, pronto ad accenderla. Io non fumo, ma potrei iniziare ora per sentirmi ancora più vicino a quello sconosciuto che, come me, è solo al binario. Ma quella sua solitudine dura poco perché, all'improvviso, arriva lei, che lo abbraccia forte. Non so da quanto non si vedessero, forse quando siamo innamorati siamo come i cani che non percepiscono il tempo e un'ora può sembrare lunga tre anni (viceversa non credo, almeno per gli innamorati). Sta di fatto che butta la sigaretta – non so se per abbracciarla meglio o perché quel suo vizio del fumo è un segreto – e io gli passo accanto. Come siamo diversi, adesso. E lo invidio. Ma non tanto per il suo vizio del fumo, quanto per quello di essere innamorato. O, meglio, di essere amato.

Per una notte soltanto

Ci aggrappavamo alla pelle
e al respiro dell'altro,
scacciando la nostra paura della solitudine
e alimentando la falsa speranza
di non essere dimenticati
e godere del privilegio
di un posto nella memoria o,
se fortunati,
nel cuore di chi ci faceva sentire amati
e al sicuro
anche se fosse stato
per una notte soltanto.

Solitudine

Dopo tanti, troppi tentativi
capisci che devi arrenderti
e che il tuo destino sia di restare
da solo.
La soluzione vera
sarebbe accettare questa solitudine,
amarla.
E proprio mentre stai trovando
questa sorta di pace,
arriva lei.
Che non è un tentativo,
ma quella giusta.

Come faccio a saperlo

Come faccio a sapere che sei tu quella giusta? Perché ti dico cose senza senso. E confido agli amici che ti dico cose senza senso e non mi importa dei loro commenti. E la cosa pazzesca è che, sebbene io dica cose senza senso, non hai mai chiesto il significato delle mie frasi abbozzate e regalate a te come il collage di un bambino non molto portato per le arti. Ma per me tutto questo ha un suo senso. Quale? Semplice quanto incredibile: mi rendi felice proprio come quel bambino che regala la sua opera alla bambina per cui ha la cotta, e la guarda pensieroso, strofina le scarpe a terra per l'ansia consumando quasi tutta la suola in pochi secondi, si tocca i capelli e si gratta il collo per tenere occupate le mani sudate e lei gli risponde all'improvviso con un bacio sulla guancia senza dire altro. Sei tu quella giusta. Quella bambina, ora grande, che non dice altro.

Per un tuo bacio

Per un tuo bacio
avrei fatto a piedi
millemila miliardi
di chilometri.
Avrei fatto a pugni
con un tuo ipotetico fratello gigante,
preso la macchina
anche se non so guidare
e superato la mia incredibile timidezza.
Poi, nel frattempo,
mi hai baciato tu.
Meglio così.

Ne valeva la pena?

Ne valeva la pena? Perché quando macino chilometri e chilometri pur sapendo che deve prendere un volo, o cerco una coincidenza per stare in stazione nello stesso momento, qualcuno lo può reputare fuori di testa. Chilometri per un caffè, per respirarla, per farla sentire importante, adducendo impegni immaginari. Ma lei no. Non è un impegno, non è procrastinabile. Agli amici racconti edulcorando, a mozziconi, per non farti insultare: «Sai, con l'occasione che ero lì (a chilometri di distanza...)». E l'occasione della vita era lei. Invece le avresti voluto dire, prendendole la mano o forse no perché ti suda da morire: "Sì, sono venuto per te". E vedere nei suoi occhi quell'attimo di panico e, se sei fortunato, con una punta di coraggio e malizia chiederti se ne era valsa davvero la pena e tu, rimanendo nel tuo silenzio, l'avresti baciata con un sì.

Quarantasei volte

Ascoltami, te lo dico adesso: se per caso tu avessi voglia un giorno (per assurdo eh) di scrivermi un messaggio per un saluto, farmi uno squillo (no, forse quello non si fa più) o mandarmi una mail anche se non la leggerò mai. Di usare un martello pneumatico alle quattro del mattino, di affittare un appartamento accanto al mio e fare lavori a orari improponibili. Dico, se per caso hai una di queste idee o altre, e pensi di disturbarmi, ti prego fallo, disturbami, svegliami mentre dormo e interrompimi mentre mangio. Fallo per me che non ne ho il coraggio e per tutti quelli che non ci riescono. Fallo per tutti noi, timidi romantici senza prospettiva di vittoria se non nei nostri sogni più remoti. Adesso, però, alza la testa dalla tua scrivania e vieni a prendere me e questo mazzo di fiori che ho in mano prima che il terrore mi faccia scappare come le ultime quarantasei volte.

La sveglia

Sapevo che stava per volgere al termine. Questo periodo benedetto dal caldo insopportabile e dalle gocce di sudore. L'alba del nostro incontro era già lontana, i giorni hanno poche ore quando li riempi con battiti rapidi per l'emozione di averla vicino. Il pomeriggio speri che il tempo si fermi, ma hai l'adrenalina che fa scorrere gli attimi e sai che c'è ancora la sera per sperare. Non vuoi guardare le lancette, perché sembrerebbe troppo reale, e tu vuoi far finta che non ci sia un giorno dopo. Che sia il giorno del giudizio, che sia questo ed è così: infinito e con lei. È sera tarda ormai, e senti che la notte sta abbracciando le case tra cui la tua. Non voglio scegliere l'ora in cui farlo finire. Ti avvicini, può succedere di tutto. Non guardarlo ti prego, non il polso. Troppo tardi. Sento il bip della sveglia. Siamo già su pianeti diversi. Domani, nella stessa realtà. Per stanotte, lasciami qui.

Baciami

Baciami.
Togliti l'orologio
e baciami,
senza badare al tempo.
Posa quel telefono,
usa la tua mano
per prendere la mia.
Non guardarti indietro,
ma scruta coi tuoi occhi
le parole che non so dirti
e sono proprio qui,
dentro ai miei.

Un giorno

Un giorno riuscirò a dirti quanto mi piace perdermi in quella galassia di stelle nei tuoi occhi. La notte di San Lorenzo, nel mio ammirarti senza bisogno di telescopi. Avrò anche il coraggio di sussurrarti che amo percorrere le tue labbra mentre si aprono come un sipario pronto a far uscire lo spettacolo che è la tua voce. Ogni inizio del tuo parlare, dopo un periodo di dolce silenzio, è per me come l'emozione del debutto. Dovrò confessarti che spesso, perdendomi in quel microcosmo di bellezza, ho tralasciato qualche parola. Ma spero che mi perdonerai, qualora riuscissi a dirti queste cose, ovviamente con ordine cronologico invertito rispetto a come le ho pensate. Ma sappi che, anche se tu mi sgridassi, io non farei altro che perdermi di nuovo in quella galassia, in quella notte di comete, ad aspettare l'apertura del sipario e cullarmi nella tua voce infuriata.

A San Lorenzo

A San Lorenzo
mi hai chiesto di vedere le stelle, assieme.
A un certo punto,
notando che ti fissavo,
ti sei voltata, forse perché avevi capito
cosa ero venuto veramente a fare
e di quanto poco mi importasse
l'astronomia.
«Siamo venuti a vedere le stelle!»
«Lo so. Aspettavo che ti girassi
per esprimere il mio desiderio
guardandole nei tuoi occhi.»

Ogni tanto ho un desiderio

Ogni tanto ho un desiderio. Il desiderio di spegnere la luce della mia stanza, aprire la finestra e schiacciare le stelle una a una per avere il buio completo in sintonia con quello che provo nel momento che vivo. Per un istante, per un solo istante ci ho creduto. Ma preferisco parlare in seconda persona. Quell'istante che dura mesi, anni, nei quali dici nulla ma vorresti tutto e quel tutto è lei. Anche stavolta ho avuto nulla e tu nulla volevi da me. Cerco il tutto da chi non vuole nulla da me. Io vorrei qualcuno che vuole tutto. E io lo darei. Se il nostro tutto, se i nostri tutto si incontrassero, scoppiassero, allora quel cielo senza stelle (perché le ho schiacciate una a una) si riempirebbe coi nostri sogni. Allora lascerei la finestra aperta, la luce spenta e guarderei il cielo con te, senza muovermi. Perché mi piace proprio stare accanto a te. Che sei *davvero* il mio tutto.

Coda dell'occhio HD

Ricordo che più passava il tempo,
più mi sentivo a mio agio ma anche sempre più vicino all'abisso.
E io in quell'abisso ci stavo già guardando
anche con gli occhiali ultra HD.
Quando inizi a pensare che ti stai facendo male senza sentirlo dentro di te,
non riesci a scegliere di abbandonare quel dolore.
Forse per curiosità, o per pura incoscienza.
Cerchi quell'abisso come quando osservi le cose con la coda dell'occhio:
guardi sperando di non essere guardato.
Ma l'abisso ti guarda.
E ti sorride anche.
E ha il sorriso più bello che tu abbia mai visto.

Abisso

Siediti lì, sul ciglio dei miei pensieri. Scruta l'abisso che c'è. Se ti senti attratta è normale: in quell'abisso ci hai abitato anche tu che ora lo guardi. Io mi sono sporto per vedere il tuo, anche quando pensavi di non averlo, ché solo i peccatori e quelli che hanno qualcosa da nascondere lo possiedono. Lo abbiamo guardato assieme e un po' ti sei vergognata, così come io del mio. Abbiamo lasciato ciondolare le gambe come due bambini su un muretto. Ora che sei seduta e guardi con sufficienza mi verrebbe solo voglia di farti annegare con me in questo mare di ricordi, ma ti salverei un attimo prima, proprio come risalgo io in superficie prima di rischiare di perdermi per sempre. Perché, anche se provi a nasconderlo bene, so che dietro quel giardino in fiore c'è ancora quell'abisso dove posso trovare il mio e il tuo riflesso. E lì, forse, mi lascerei andare a occhi chiusi.

E stai correndo

E stai correndo.
Senza fermarti e senza una meta.
Con gli occhi chiusi, pur rischiando di schiantarti contro un palo.
Respiri a pieni polmoni, seguendo il suo respiro mentre sta correndo.
E se ti dice di andare avanti, fingi che ti si è slacciata una scarpa e aspettala.
Anche lei sta rischiando, non credere.
E pure lei ogni tanto sbircia,
perché è umano dare un'occhiata.
Dille quanto è bella la vita accanto a lei.
Diglielo ora.
Apri gli occhi, e dimmi se non è ancora più bella adesso.
Non sei forse innamorato, dopotutto?

Motorini, muschio e occhi chiusi

Il tuo vestito semitrasparente della serie vedo non vedo. Sembrava una partita di poker col tuo corpo. Mi avevi offerto un passaggio col motorino. Mi sentivo in imbarazzo a tenermi a te e i tuoi capelli lunghi mi andavano in faccia col vento. Ero immerso in quella fragranza di diciotto frutti diversi e un po' di muschio, mi era venuta sia fame sia voglia di fare una passeggiata nel bosco con te. Casa mia era vicina, ma i dieci minuti realistici diventarono trentacinque perché avevi fatto un percorso diverso. Pensavi non lo avessi capito. Ma in fondo io pensavo tu non avessi capito che stavo con gli occhi chiusi e fantasticavo. Così mi hai stretto a te. E i tuoi capelli, i tuoi fianchi in armonia con le mie mani, mi fecero innamorare di ogni cosa fosse tua. E tu ti innamorasti dei miei occhi chiusi, delle mie parole non dette, della mia ingenuità e del mio gusto in fatto di shampoo.

Foglie morte

C'è che mi piacerebbe essere come quella foglia morta che si stacca dall'albero e finisce sui tuoi capelli e tu lentamente mi sposti, seccata e pensierosa. C'è che non mi hai mai chiesto di scriverti niente eppure io continuo a farlo. C'è che mi piacerebbe essere un libro che leggi più volte e sentire i tuoi polpastrelli che mi sfiorano. Quando mi arrabbio vorrei che tu fossi una stella, così lontana e distante dalla mia rabbia. Ma le stelle le vedono tutti e non vorrei che tu diventassi commerciale. Se guardo le coppie in giro per la città penso a noi, aspetto te. C'è che le tue spalle forse hanno bisogno della mia giacca per ripararsi. Lo sai che continuerò a scrivere di te e magari quando non scriverò più sarà perché te lo starò finalmente sussurrando. C'è che queste mie amorevoli e maledette foglie morte continuano a cadere, ma tu non passi mai sotto i miei alberi.

Mi chiedo

Mi chiedo,
e vorrei avere il coraggio
di chiederti,
un giorno,
che sogni nascondi
in quelle fossette
che nascono
sul tuo viso
ogni volta che sorridi
e volgi lo sguardo altrove,
ma mai
troppo lontano dal mio.

Maledetta timidezza

Sei in tutte le canzoni
che non so scrivere
ma che canto nella mia testa
quando mi sei vicina.
Sei in tutte le lettere
che non oso mandarti
ma che lancio
come aerei
in giornate senza vento.
Vorrei baciarti,
sarebbe tutto più chiaro.
Maledetta timidezza.

Particelle dei se

Se avessi avuto gli occhi di colore diverso. Se fossi stato alto qualche centimetro in più. Se avessi fatto quel canestro mentre mi guardavi. Se fosse stato un altro cielo. Se fossi inciampato. Se avessi imparato quella canzone del film. Se non avessi mangiato a notte fonda. Se avessi avuto gli occhiali. Se avessi avuto un accento diverso. Se non avessi varcato quella soglia. Se quel tizio non avesse starnutito. Se non mi fossi macchiato. Se non mi fossi annoiato a quella conversazione. Se non mi fossi girato verso quel tavolo. Se in quell'istante le particelle di cui sono fatto si fossero scontrate in modo diverso con le tue, forse si sarebbe creato un mondo parallelo, uno dei tanti, dove potevamo essere io e te. E quell'unico universo mi sarebbe bastato, degli altri scontri non mi sarebbe importato. Ma ora, in questo bar, sono uno studioso delle nostre particelle dei "se".

T'avessi

T'avessi
incontrata prima,
adesso potrei dire di conoscerti da più tempo.
Ma t'avessi incontrata prima
forse non mi avresti guardato
come quando ci siamo incontrati
nel momento giusto.
E il tempo
che in teoria avremmo guadagnato
nel passato
lo avremmo perso
per il nostro futuro.

Prendi

Prendi quelle poche frasi, o quelle semplici parole, che hai in testa mentre pensi a lui. Non devono essere in rima. Non consultare antologie ma al massimo sfoglia il libro dei vostri ricordi. E se non avete ricordi assieme, di quelli che vorresti costruire. Delle volte che lo hai notato, che ti sei nascosta per la paura o la timidezza e di tutti i messaggi cancellati e mai inviati. Di quando invece li hai inviati e hai lanciato il cellulare in aria e non volevi saperne più niente, e chiedevi alla tua amica di controllare se avesse risposto mentre ti mettevi le mani davanti agli occhi e la musica ad alto volume per il timore di non essere calcolata. Delle volte che lo hai sognato, in quei sogni dove dicevi tutto e niente. Prendi quelle parole. Di istruzioni su cosa farne, infine, non ne ho in realtà. Ma visto che sei qui e le hai prese, e ne stiamo discutendo, perché non vai a sussurrargliele?

Ah!

In mezzo
ai loro amici
lei
parlava
di lui.
Lui
parlava
di lei.
Ah,
se si fossero
parlati
tra loro!

Interessi

«Se gli interesso,
scriverà per primo»
dissero entrambi.
E di nessuno
si ebbe più notizia.
Continuarono
le loro vite
incolpando l'altro
del mancato gesto
ma rimanendo con le mani
vicine a quella bozza di "ciao"
che poteva portare lontano.

Carpe diem posticipato

Mi avevano suggerito
di cogliere l'attimo con te.
Ma io ho preferito
annaffiarlo
e farlo crescere.
Non lo colsi.
E non ti colsi.
Ma le mie radici
le ho messe accanto a te
aspettandoti
impaziente
a ogni primavera.

Regole non scritte

Quanto ti sei sentito a disagio quando, dopo esservi salutati a fine giornata, scopri che dovete andare nella stessa direzione e potreste fare la strada assieme ma tu fai finta di aspettare qualcosa e lo fai solo perché sarebbe strano? Chi lo ha deciso che sarebbe stato inopportuno camminarle a fianco fino alla fine, chi ti ha detto che non ti abbia cercato con la coda dell'occhio? Quando ti sei sentito dire che la giornata era stata così pesante che se avesse potuto sarebbe andata a dormire, ed erano solo le otto di sera, quanto ti sei sentito di troppo e avresti preferito fosse un invito a condividere il cuscino a un orario improbabile piuttosto che un invito a sparire? Chi ha detto che non volesse davvero la tua presenza e aspettasse che ti facessi avanti? Le regole non scritte, che non scrive nessuno, ma che scrivi tu stesso nella tua testa per giustificarti ogni volta che non hai il coraggio di fare qualcosa.

Impassibili e impossibili

Si dice che in amore
vince chi fugge.
Io credo che entrambi
perdiamo un sacco di tempo
a rincorrerci
pur essendo
sostanzialmente fermi
l'uno di fronte all'altra.
E basterebbe poco
ma così poco
che preferiamo restare
impassibili e impossibili.

Distanza amichevole

Me ne stavo seduto alla finestra. Il sole spaccava le pietre. In fondo al cuore sapevo di provare qualcosa nei suoi confronti, ma non era mai il momento giusto. Perché il momento giusto non c'è mai. Io coi sentimenti provavo a ragionare. E me ne stavo seduto alla finestra ad aspettare che piovesse. Era primavera inoltrata e le avevo chiesto di uscire. Sapevo che doveva piovere, e forse era il momento giusto. Camminavamo sempre a una distanza che definivo amichevole, la distanza che non permette fraintendimenti. Quel giorno però ero felice, perché sarebbe piovuto. Con in tasca l'ombrello andai sotto casa sua. Quando uscì dal portone si scatenò l'acquazzone ma lei era scesa senza ombrello. Forse anche lei sperava che piovesse. E, per non bagnarsi, mi prese il braccio e appoggiò la testa camminando. Era quello il momento giusto. Quando smettemmo di rispettare quella distanza amichevole.

Accelerati

Sei seduta accanto a me in macchina, è la prima volta. Ero l'unico che poteva darti un passaggio. Quanto ci speravo. Tieni le gambe tese, metti la cintura e sei rigida. Guardi dritto. Io metto un po' di musica per rompere il ghiaccio. Quando siamo fermi al semaforo e distolgo un attimo lo sguardo dalla strada, vedo le tue gambe e vorrei farti un complimento, ma per fortuna diventa verde e riparto goffamente. La mano sinistra, timida, resta nella tua zona sicura. Non mi conosci, non conosci la mia guida. Andando avanti vedo le tue gambe sciogliersi. La tua posizione meno rigida. Hai persino iniziato a cambiare le canzoni. Un gatto attraversa la strada. Freno di scatto. La tua mano sinistra aggrappata alla mia che tiene il cambio. La tua testa sul mio braccio. I tuoi occhi chiusi. Il mio palmo si gira verso il tuo. La macchina ferma. I nostri battiti, accelerati come non mai.

La ragazza del bacio

Voglio che tu sia la ragazza
alla quale sposto i capelli
dietro l'orecchio,
che segue il gesto
con la coda dell'occhio.
La ragazza alla quale aumenta il battito
nella frazione di secondo che va
da quando guarda la mia mano
a quando,
senza dire niente,
la bacerò facendole chiudere gli occhi
e incrociando i nostri sguardi oltre i nostri sogni.

Semaforo e codice

Quando il semaforo è arancione non mi muovo dal marciapiede per non rischiare di essere investito. E allora forse in amore capita la stessa cosa: passo solamente se è verde, ma un verde che so essere duraturo. Poi magari attraverso correndo comunque, ma mi sento sicuro. Se è arancione allora non inizio nemmeno, non voglio rischiare di essere fermato nel mezzo di tutto e sentirmi in pericolo di non poter andare avanti né tornare indietro. A dire il vero, in amore sono state di più le volte che ho attraversato col rosso, anche se era evidente che dovevo star fermo. Ma la soddisfazione di iniziare ad attraversare col rosso e veder scattare il verde quando meno te lo aspetti è più di quella del correre con l'arancione. Tra codice della strada e codice dell'amore, ho sicuramente infranto più volte il secondo. Semmai un codice di questo tipo sia esistito.

L'amore

L'amore. Potrei mettermi a parlarne senza venirne a capo. Non mi ci metto nemmeno d'impegno. Quel giorno ci si è scelti senza scegliersi, ci si è incontrati senza volerlo. Magari non ha i capelli del colore che ti aspettavi, non ha l'altezza che pensavi. Non fa il lavoro che avresti immaginato e ha una voce diversa. Eppure è proprio lì, non puoi fare a meno di sentirlo. Puoi nuotare controcorrente ma la corrente è lui. In quella tavola calda ci si è scelti senza scegliersi. Ci si è incontrati senza volerlo. E si inizia ad amarsi quando meno ce lo si aspetta. E allora tu lasci che questo momento non sia significativo e passi come se nulla fosse? Il momento non è casuale. E l'amore vero passa una volta sola, magari mentre stai mangiando l'hamburger più buono del secolo. E allora tu che fai, preferisci addentare l'hamburger o assaporare le sue labbra, il suo sapore, tutto della sua pelle?

Paranoie

Sei bella
da smentire
le mie paranoie.
Sei bella
che ti darei
sempre ragione.
Può sembrarti
banale
ma alle mie paranoie
e alla mia ragione
c'ero davvero
molto affezionato.

Spesa – tocco in più

La ragazza in fila alla cassa posava il cibo sul nastro giocando a Tetris per imbustarlo più velocemente ed evitare quel momento imbarazzante quando devi pagare e non hai ancora finito e hai le mani occupate e la gente ti odia. Da ciò che aveva preso potevo capire che si concedeva dei peccati di gola quando la sua coscienza era distratta. Osservando un'aggregazione di ingredienti intuii la sua cena, ma mi accorsi che mancava una cosa. Corsi a prenderla ma al mio ritorno lei era sparita. Abbandonai la mia spesa e pagai solo quello che volevo darle. Stava sistemando le buste in auto e le diedi quel tocco in più di sapore. Lei era incuriosita e sentivo la sua acquolina in bocca. Per non fare errori, o chissà perché, mi invitò quella sera a cena per cucinare con lei. E negli anni a venire anche lei aggiunse un tocco in più alle mie ricette, e quel tocco in più per me era lei.

Gradazione

Ricordo la spesa al supermercato che facevo quando sapevo che venivi a cena da me. Sempre allo stesso orario. Compravo ogni volta prodotti di qualità. Quando arrivavo nella corsia degli alcolici, la scelta era facile. Escludendo il rosso, optavo per un bianco da cena romantica. La percentuale di alcol non importava: l'emozione di essere assieme ci faceva andare su di giri. Ormai da mesi scelgo i prodotti che stanno ad altezza occhi, presto attenzione agli sconti. Arrivo nella corsia degli alcolici, passo davanti alle birre, ai bianchi, vado dritto ai rossi. Scelgo quello con la gradazione più alta, e forse con i più alti solfiti. Arrivo alla cassa. Penso a quando ti diedi una copia delle mie chiavi e tu la rifiutasti. Mi verrebbe voglia di prendere un altro rosso. Mi volto e ti vedo fuori dal vetro. Sorridi. Mi giro verso il cassiere: «Scusi dovrei sostituire questo con un bianco».

Righe e gironi

Le righe dei miei messaggi sono sempre state più delle tue. Scrivevo divine commedie e tu rispondevi con ermetismo. Mi scusavo per la lunghezza ma a te piaceva. Chissà se eri sincera. Dopo tanto tempo, pianificammo di incontrarci di nuovo. Più il giorno dell'incontro si avvicinava, più le tue righe aumentavano. E io provavo a scriverti di meno per farle combaciare, ma poi mi ritornava la voglia di dire, dire e dire ancora. Ci incontrammo. E io rimasi quasi senza parole, mentre tu dicevi divine commedie. I giorni dopo il distacco, le tue righe diminuivano, mentre le mie erano sempre di lunghezza dantesca. Ti chiedevo scusa e tu continuavi a perdonarmi. Ma tutto quello che volevo, be' lo sapevi. E sarebbe anche bastato un silenzio convincente per farmi smettere di camminare in questo girone infernale di poche parole e sorrisi fatti di due punti e parentesi mai veramente chiuse.

Bugie e fasi

Prima la fase delle promesse.
Poi la fase delle battute innocenti.
Poi la fase delle battute per sondare il terreno.
Poi la fase della paura delle bugie.
Poi la fase del ripasso delle promesse, ché non si sa mai.
Poi la fase delle bugie bianche.
Poi la fase delle bugie che spero non scopra.
Poi la fase delle bugie che tanto non mi scopre.
Poi la fase delle bugie che tanto non me ne frega nulla se mi scopre.
Poi la fase delle bugie che si mescolavano alla verità
la fase della dura realtà in cui non era più possibile distinguerle
fino all'inevitabile fine di tutto.

Lei e l'altra

Ero impegnato con lei. E poi c'era l'altra, che mi presentarono a una festa. Andai a prendere un bicchiere di vino per lei e al bancone c'era l'altra. Rideva alle mie battute, sembrava lei i primi tempi che stavamo assieme. Poggiava la mano sul mio braccio, con una pressione sufficiente a far scorrere il sangue più in fretta. Mi dimenticai del vino per lei, e diedi il bicchiere all'altra. La trovavo affascinante. Mi chiedeva se fosse attraente. Cercava complimenti. E io gliene feci, anche negli incontri successivi. Io cercavo la leggerezza del non impegno che trovavo nell'altra e non in lei, che mi riempiva di domande quando tornavo a casa. Andò avanti per un po' di tempo. Non mi importava di essere lasciato da lei, perché avevo l'altra come piano di riserva. Inutile dire che, quando lei mi lasciò, l'altra sparì. Il gioco era finito e io ero rimasto l'unico, vero e solitario perdente.

Cosa stavamo facendo?

Ci siamo trovati e ritrovati. Promettendoci sempre che sarebbe stata l'ultima volta. Cosa stavamo facendo? Entravi, ti versavi dell'acqua frizzante mentre io fumavo. Ti svestivi, ti svestivo, mi svestivo e mi svestivi. Coprivamo la vergogna con il lenzuolo che sapeva di noi. Cosa stavamo facendo? E poi sorridevi e mi dicevi che dovevo smettere di fumare, e io ti chiedevo cosa ti importava. Non rispondevi. Ti dicevo di controllarti quel neo, mi chiedevi perché preoccuparsi. Non rispondevo. Ridevamo. Mi chiedo se lui ti aiuta mai a rivestirti. Forse tu vorresti chiedermi se lei mi aiuta con la cravatta. Cosa stavamo facendo? Vorrei chiederti se ti manco mentre sei a casa vostra, dandoti così il diritto di chiedermi se tu mi manchi mentre sono a casa nostra. Io credo proprio di sì, ma non me lo chiedi. Cosa stavamo facendo? Cercavamo di essere felici con le persone giuste. Nel modo sbagliato.

Terra di nessuno

Credimi io lo so, anche se negheresti fino all'inverosimile, che mi pensi quando lui dorme e le sue onde cerebrali sono rincretinite a tal punto che non si incrociano con le tue. Con le nostre. Non perché io sia più sveglio. Insomma, dai, lo sai cosa voglio dire. So anche che mi scrivi quando lui sta cucinando o è andato a buttare la spazzatura. Lo so. Giusto il tempo di attizzare il fuoco della perplessità che ancora c'è in questa terra di nessuno, e poi sparire. Di nuovo. O almeno facendolo credere. Per restarci male quanto basta. Facile. Crudele. C'è chi ci ricasca ancora. Io non ci ricasco più. Credimi, sarebbe bello poterti credere. Potresti lasciarmelo fare. Senza più fingere, anche solo per un secondo. Senza aver paura di andare oltre. Senza dover aspettare che tu mi chieda un favore. Ancora. E ancora. Senza fuochi. Senza continuare a cercare l'amore dove l'abbiamo perso.

Le donne che ti hanno detto di no

Le donne che ti hanno detto di no ritornano in primavera dopo inverni di lunghi silenzi. Le donne che ti hanno detto di no ricordano i tuoi apprezzamenti e pensano a ogni gesto disperato che hai fatto per conquistarle. Le donne che ti hanno detto di no si affacciano di nuovo alla tua vita come se niente fosse, con un semplice ciao, ma tu non smetti di scervellarti per sapere perché, convincendoti che si sono pentite, che tornano strisciando ai tuoi piedi per vedere se strisci anche tu o per confonderti. Lo pensi dalle mura dei castelli di sabbia che hai costruito per tutto questo tempo senza considerare che potrebbe piovere. E dici agli amici che affronterai la situazione negandoti, per ripagare con la stessa moneta. Le donne che ti hanno detto di no ritornano, è vero, ma hanno dentro di loro la stessa risposta senza avere alcuna domanda per te.

Scale mobili

Quanto sono lente le scale mobili della stazione vicino casa mia. Lo noto rientrando la sera, quando le lascio scorrere e non sono di fretta come la mattina che le percorro alla velocità della luce per non perdere il treno. Innamoramenti lenti di sguardi che si incrociano. Si cambia idea mille volte. Per questo, quando le faccio una domanda appena sceso dal treno, aspetto di sentire la risposta prima di decidere se prendere le scale mobili o l'ascensore. Se la risposta non mi piace, prendo le prime e cerco di farle cambiare idea. Se la risposta mi piace, ecco l'ascensore. E lei lo faceva apposta a darmi la risposta che non volevo. E io lo sapevo, e mi divertivo con lei. Abbiamo passato ore su quelle scale mobili a conoscerci, stuzzicarci. Amarci. E il tempo assieme era guadagnato, mai perso. Da quando è andata via, ormai, prendo l'ascensore e non faccio più domande. Neanche a me stesso.

È di notte

È di notte che navigo a vista sulle mie paure.
Solo di notte,
da solo,
mi interrogo e mi chiedo se sono esagerato su alcune cose
e, solo di notte,
riesco a darmi ragione.
A rimuginare su tutto perché poi di giorno,
col sole, sembrano tutte idiozie.
Solo di notte navigo a vista
sulle mie paure e mi faccio del male.
È solo di notte che ammetto a me stesso che
di queste notti non so farne a meno.

Sottolinearti

Viene sempre in mente quella domanda, quando parli di qualcuno a qualcun altro. La domanda è: quali sono stati i momenti più belli, più importanti? Che cosa scegli di conservare più di ogni altra cosa, quale istante ti penti di non aver fotografato ma vorresti ricordare per sempre? Non posso fare a meno di pensare ai libri di scuola e alle sottolineature. Sottolineare le cose più importanti, quelle da ricordare, da memorizzare per l'interrogazione. Quando mi interrogano sui momenti più importanti con lei, più belli, è come per i miei libri di testo. I miei compagni di scuola mi prendevano in giro per come lo facevo, perché alla fine di tutto vanificavo il significato che ci sta dietro al sottolineare. Dicevo: non posso fare a meno di collegare le due cose. E le mie pagine con lei sono esattamente così, come i miei libri scolastici: completamente sottolineate.

Campanella

Suona la campanella. Vorrei saperti spiegare la geografia, indicando la capitale del sentimento che provo per te. Anche scienze della Terra: eccoti l'epicentro del mio terremoto. Formule chimiche per attrarti. Dimmi per quale motivo i muscoli mi si irrigidiscono quando sei vicina. Come si dice in latino? *Odi et amo.* No, solo il secondo. So come guardi chi sta dall'altra parte della cattedra. Forse sanno tutte le capitali, gli epicentri più famosi, la tavola periodica, come fermare un crampo, come parlava Catullo o circuiti vari. Ma non sanno che scrivi il tuo nome sul banco e altre piccole cose. Forse ti basterebbe che io le conoscessi per poter pensare di essere compatibile anche se tu sei la prima della classe e io non proprio, per usare un eufemismo. Questo è il nostro ultimo anno assieme. Questa è la nostra ultima lezione prima degli esami. Vorrei parlarti ma. Campanella.

Declinazioni di latino

Ti ho visto
mentre lei ti parlava di interrogazioni e declinazioni di latino.
Ma a te di *rosa rosae*
importava poco, o forse ti importava nella misura in cui
avresti potuto regalargliene una.
Ho osservato la traiettoria del tuo sguardo
che si posava sulle sue labbra.
E ogni tanto anche sulla sua camicetta un po' aperta.
Lo facevi quando lei guardava in alto
e non poteva beccarti.
Ti ho visto oggi, ragazzo sconosciuto,
e ti ringrazio per avermi strappato un sorriso.

Odi et amo

Ero al matrimonio di un amico di vecchia data. «Porta una ragazza» mi aveva raccomandato la sposa, per non spezzare l'equilibrio dei tavoli. Il mio amico vedeva nell'essere da solo al suo matrimonio la mia occasione: «Tu che puoi, le damigelle...». Arriva il momento delle danze e il mio cucchiaino comincia a muoversi al ritmo della musica nella tazzina vuota. Improvvisamente ti vedo. Non doveva sorprendermi, era un nostro amico comune. Era come guardare il mio passato allo specchio, mantenendo l'attuale aspetto esteriore. Segretamente ti continuavo a pensare, odiare e benedire. Pensavo di avere tutto il tempo per invitarti a ballare. Invece arriva lui, di cui volevo solo il peggio. Lo specchio si rompe di nuovo e mi ritrovo a danzare coi cocci del passato tra le mie mani. Continuando a odiarti e a benedirti. A volere il meglio e il peggio.

Grandi amici

Mi incolpavi spesso di essere geloso senza motivo. Mi ricordo quando lo incontrammo una volta e ti ho chiesto chi fosse quel tizio e come mai quell'affetto immenso tra voi, e mi hai rimproverato dicendo che era solo un amico. Ho incassato, in silenzio. Al tuo compleanno stava per arrivare la mezzanotte, eccola, ma ti arriva un messaggio. Accidenti quanto sono rapidi i tuoi genitori, ah no è lui, vabbè, scusa, poteva aspettare… E mi hai ripetuto che era solo un amico. Ho incassato anche qui, pur pensando fosse un tempismo eccessivo. Suonano al portone, sei tu zuppa, ti chiedo come mai non mi hai chiamato che ti sarei venuto a prendere in macchina visto che l'avevo appena ritirata dal carrozziere. Hai detto che ti ha portato lui. E mi hai detto ancora che era solo un amico. Ho incassato il colpo, anche se al limite. Che fortuna avere degli amici come i tuoi.

La resa

Tu
vuoi stare
per conto
tuo
e io
per conto
mio
ma
non vedo l'ora
che arrivi
la resa
dei nostri conti.

Insostituibile

La tua paura del buio mi faceva tenerezza. E mi sembrava di essere insostituibile. Quando mi chiamavi dalla cucina per pulire il filtro del lavandino, perché ti impressionava tantissimo toccare la sporcizia rimasta incastrata, mi faceva tenerezza. Mi sentivo resistente ai batteri. All'uscita del supermercato non riuscivi a portare due casse d'acqua, ma non volevi dare tutto il peso a me. Allora tenevamo per la stessa maniglia di plastica le dodici bottiglie. Le tenevo solo io in realtà, e mi faceva tenerezza. E tu mi sorridevi. Mi sentivo forte. Ora mi chiedo se lui ha più watt di me quando ti protegge dalla notte. Se ha un sistema immunitario più potente del mio quando pulisce il filtro dopo i pasti. Se porta le casse dell'acqua da solo mentre tu lo guardi. Se tu sorridi. Non c'è più tenerezza. E non sono insostituibile.

Voleva

Voleva solo degli occhi
che la guardassero
senza giudizi.
Non si aspettava di essere amata,
ma che ci fosse almeno
dell'affetto,
qualcosa che si avvicinasse al calore umano.
Più pensava ad accontentarsi,
meno riceveva il minimo sindacale.
Doveva solo volere ciò che meritava.
E meritava
di essere amata.

Finirai

Finirai per amare qualcuno che non ti ama. Finirai per parlare con qualcuno che non ti ascolta, che non sa anticipare il tuo pensiero e sorprenderti, o non si sforza nemmeno di far finta di non sapere cosa pensi per essere sorpreso a sua volta. Non lo farebbe perché non gli interessa farti sorridere. Finirai così, ad aspettarlo mentre tu lo pensi al lavoro e lui sarà chissà dove. Non la farai finire, perché non sei capace di uscirne e sai che avresti potuto avere altro. Finirai per convincere gli altri che ti va bene così. Finirai per convincertene anche tu. Finirai per lasciare i sogni nel tuo cassetto dopo avergli dato la chiave e lui l'avrà guardata, disinteressato. Finirai per vivere una vita che non volevi. E mi verrà da pensare che te lo sei meritato. Ma alla fine chi sono io per dirti tutte queste cose che non meriti? Uno che ama qualcuno che non ha mai ricambiato. E quel qualcuno, nel mio caso, sei tu.

Ti accontentavi

Ti accontentavi
perché
"il meglio"
fa sempre più paura,
ti mette addosso
responsabilità.
Devi volerlo,
prendertene cura.
Se scegli
il mediocre
anche tu
sei mediocre.

Fai di tutto

Fai di tutto per piacergli:
ascolti la sua musica
leggi i libri che legge lui
guardi i film dei quali è appassionato.
Ti fai piacere le cose alle quali
sei anche intollerante
e piano piano lo diventi di te stessa.
Non ti piaci più,
non vuoi guardarti allo specchio.
Fai di tutto per piacergli
e poi non ti ricordi
se lui ti piace veramente.

Momenti di trascurabile intimità

Quando portavi le polpette della nonna e io ero felicissimo. Quando mettevi i pantaloncini al mare, sopra il costume, e significava che erano i giorni in cui era meglio non contraddirti per nessun motivo, ma andava bene così. Sfiorarsi la mano mentre si camminava, ciondolando, sbattendo col proprio fianco e poi tenersi per mano come se fosse normale. La gioia per aver visto assieme un altro tramonto come se fosse il primo. Non sono geloso, ma chi era quello che ti salutava? Quando avevo una cosa nell'occhio e mi soffiavi facendomi tornare la vista. Guardarsi male per aver bevuto dalla bottiglia e dire che tanto ce n'è un'altra da poter aprire senza fare troppe storie. Quando le farfalle che sentivo nello stomaco non erano quelle che mi avevi fatto per cena. Momenti. Solo momenti di intimità data troppo per scontata, ma che forse, ho vissuto e non veramente trascurato.

Scontata

Ti avevo data per scontata.
Quando mi dicevi che stavi bene,
anche se sentivo che mentivi,
me lo facevo bastare
per evitare discussioni.
Ora chissà se stai bene.
Se stai bene
davvero.
Suppongo
che non avrò più modo di chiederlo,
ora che voglio saperlo
e non ci sei.

La volta sbagliata

Sai, il treno è arrivato in anticipo. Invece di essere felice ero angosciato. Sono stanco per il viaggio, mi fanno male le gambe, o forse è per il passato che si materializza davanti a me con una serie di flashback assurdi. Ho visto la foto di Marco, è candidato. Ha i capelli bianchi, pazzesco vederlo in foto dopo cinquant'anni. Ho rivisto il punto dove ci siamo baciati la prima volta. Anche le farfalle nello stomaco sono invecchiate, battono le ali piano. Ti ho portato dei fiori, mi trema un po' la mano per l'emozione. O per l'età. No, è l'emozione. Avrei voluto vederti prima, credimi, ma ero impegnato. A trovare il tempo. Il coraggio, più che altro. Adesso sono qui e ho portato i tuoi fiori preferiti. Tocco questo marmo, sento il tuo calore, ma sono arrabbiato perché speravo mi avresti aspettato. Sono sempre stato puntuale. Per una volta che sono in ritardo. La volta sbagliata.

Riflesso perfetto

Ti sei buttato,
hai preso la carta peggiore – un due di picche.
Ti senti stupido.
Ci sta. Puoi dirlo forte.
Dillo almeno una decina di volte.
Poi chiudi gli occhi e pensa al coraggio che hai avuto,
alle volte che non hai detto nulla e ti sei lasciato sfuggire tutto.
Torna davanti a quello specchio,
non dire niente.
Prova a sorridere di quel sorriso.
Arriverà qualcuno che non giocherà a carte coi tuoi sentimenti.
E sarà il riflesso perfetto in quello specchio.

Carezza perduta

Cammino per le strade di questa città dove ogni vetrina, ogni bar e ogni rumore di tacchi mi riportano al tempo passato con lei. C'era ogni piccola parte di lei nella mia vita. E io sfioravo queste parti di lei, le amavo. Passavo giornate intere con la testa sulla sua pancia, chiudevo gli occhi per ascoltare il suo cuore e navigavo nel nostro futuro. Appoggiavo la testa sulla sua spalla un po' ossuta ma rassicurante. E ficcavo la mia mandibola in quello spazietto tra il collo e la spalla. Sono in questa strada. In questo bar dove non c'è lei ma un'altra, che non sa niente di me e di te. Che vorrebbe amarmi come mi amavi tu, che vorrebbe la mia testa sulla sua spalla e sulla sua pancia. Sono qui con lei per non restare solo. Per cercare una carezza perduta da un corpo sconosciuto. Per ritrovare lei, per ritrovare me stesso. Perché con quel male che ti ha portata via ho perso per sempre entrambi.

Strade – Milano

La strada del caffè marocchino e non Venezia come si dice a Reggio Calabria. La strada delle case che ho cambiato. La strada di quando chiamavo prima di un esame. La strada dove andavo su e giù per far passare il tempo quando non c'erano esami e da studiare. La strada coi trans che c'erano anche d'inverno e con la neve. La strada degli happy hour. La strada del più e del meno. La strada della carezza involontaria. La strada dei panzerotti. La strada che "sapessi!". La strada con la valigia ogni estate. La strada fatta di lacrime, sudori, sorrisi, baci, speranze e sogni che sono di quelli infranti se ci sono delle buche, ma vai tranquillo che è quella giusta da percorrere anche se ci sono semafori rossi di memorie che preferiresti prendere una multa piuttosto che fermarti ma quando scatta il verde sei sollevato e vai. Sapendo che tornerai.

Fuori sede

Andare fuori sede non è per tutti. Devi avere un cuore grande. Grande a sufficienza per far da valigia a tutto ciò che lasci: le gioie e i rimpianti, gli amici e gli amori. Questo bagaglio cardiaco che batte anche quando tocchi un suolo che non ti appartiene o quando sei steso su un materasso che non ha la tua forma e un cuscino comodo, e guardi il soffitto chiedendoti dove stai andando. Un cuore grande, così grande da riuscire a far spazio a cose nuove. Un cuore che a volte temi gli altri si siano scordati perché il presente ha preso il sopravvento nelle loro vite. Un cuore grande, ma forse non troppo forte. Allora è lì che si ferma un attimo. Così ti stendi sul materasso, che con il tempo ha subito un po' il tuo peso e il cuscino è più molle da una parte, e ti chiedi chi stai diventando. Perché quando parti, più che muoverti verso una destinazione, vai verso un destino. Il tuo.

Angoli – Reggio Calabria

L'angolo in cui ti trovavi con i compagni di scuola ai piedi della salita per affrontare assieme la giornata. L'angolo sotto casa che non si vedevano le auto quando dovevi attraversare. L'angolo dove parcheggiavi il motorino. L'angolo con l'edicola di fiducia che aveva le buste con sorpresa. L'angolo col benzinaio che costava di più ma ti chiedeva come va e ti stava bene così. L'angolo dove si vedeva lo stretto come da nessun'altra parte. L'angolo dove scendevi dall'auto per andare a scuola. L'angolo dove sicuramente ti beccavano se saltavi il compito in classe. L'angolo del colmo per un matematico. L'angolo col fioraio che mentre aspettavi ti veniva l'allergia. L'angolo di cielo dove ogni stella è un ricordo che se guardo si illumina di più in questa notte della memoria che ci fa dimenticare se ci concentriamo troppo sull'oscurità intorno.

Uno, due, tre, hop

Uno, due, tre, hop. Tre passi e un salterello. Questa strada coi sampietrini la conosco a memoria. Potrei invece cambiare percorso e andare altrove. Ma mi piace la routinc. Conosco questi viali, gli alberi, i lampioni e le scorciatoie che arrivano al tuo portone di color marroncino chiaro. Vuoi farmi credere che non mi aspetti. Ma io lo sento il tuo respiro più rapido man mano che mi avvicino. Uno, due, tre, hop. Ecco la tua finestra. Spegni la luce, lo fai sempre. Vuoi farmi credere che stavi dormendo e ti secca aprirmi. Non ho le chiavi della tua porta di casa ma lasci socchiusa quella del tuo cuore, quanto basta per non farmi sentire in colpa quando nascondi la tua fragilità nel buio della stanza. Se un giorno la trovassi chiusa so che potrei innamorarmi di te. Non dici mai una parola, e io non voglio chiedertela. Magari potresti dirmi di no. E a me piace la routine. Uno, due, tre, hop.

Pensi che

Pensi che
alzare il collo del maglione
fino quasi a coprire i tuoi occhi
mi impedisca
di baciarti
o che sottolineare la distanza
chilometricamente abissale tra noi
mi faccia desistere
dal fare ore e ore di treno per venire da te?
In realtà non so risponderti ma,
nel frattempo che ci penso,
apri il portone che sono sotto casa tua.

E venne il momento

E venne il momento del nostro incontro. Pioveva, e i miei pensieri erano zuppi quando incrociai il tuo sguardo. Ci fermammo per un caffè e io non mi alzai mai dal tavolo per andare in bagno, per non perdermi niente di te. E quando ci andasti tu, restai a presidiare quel nostro angolo di intimità come fosse l'ultima mia roccaforte di romanticismo. E fantasticavo, riempiendo quegli attimi con parole che avrei voluto dirti ma non avevo il coraggio quando mi guardavi e io abbassavo lo sguardo. E dissi tutto mentre eri in bagno. E i vicini mi guardarono come fossi matto. E lo ero. E i miei pensieri zuppi prendevano la forma dell'amore che non avresti conosciuto. Quando tornasti al tavolo, mi chiedesti dove eravamo rimasti. Io sono rimasto qui, ma il mio cuore e la mia mente sono andati lontano. E mentre aspetto il giorno in cui li raggiungerai, sorrido e abbasso lo sguardo.

Dove ti vedo bene

Occhiali?
Lentine?
Laser?
Quanti decimi mi mancano?
Ti confesso
che non mi interessa
vederti da lontano.
Vieni qui,
dove sto indicando col dito.
È qui accanto a me
che ti voglio vedere
e ti vedo bene.

La sera in cui

Mi manca la sera in cui non ho concluso niente. Eri lì davanti a me che mi chiedevi cosa volevo, io volevo chiederti cosa volevi tu e nessuno dei due sapeva cosa voleva l'altro e forse nemmeno sapevamo cosa volevamo da noi stessi. Mi manca la sera in cui non ho concluso niente. E anche se tornassi indietro nel tempo e sapessi già che la prima volta non avevo concluso niente sono certo che andrebbe nello stesso modo. Perché, in fondo, sono sempre la stessa persona che guarda te per avere risposte. Perché, come ora, anche ai tempi sapevo cosa volevo. E non ho comunque concluso niente. Sorrido sempre ripensando alla sera in cui non ho concluso niente. Come sto sorridendo ora che te lo sto raccontando. E stai sorridendo anche tu mentre mi guardi, ma senza farmi domande, stavolta. Chissà se mi mancherà anche questa sera in cui non so se concluderò qualcosa. Forse sì.

Lasciami essere

Lasciami essere
il fumo della tua sigaretta che ti entra nei polmoni.
O l'unghia
che ti stai mangiucchiando
mentre guardi il tetto.
Lasciami essere
il pensiero che hai in testa e non sai formulare.
O la parola
che non ricordi e ti resta sulla punta della lingua
senza abbandonarla mai.
Lasciami essere
purché sia me stesso vicino a te.

Auguri

Potevo far finta non fosse già passata la mezzanotte. O che fosse iniziato un giorno qualsiasi e io, come sempre, mi trovavo sveglio. Potevo e non sarebbe sembrato strano a nessuno. Nemmeno a lei. Forse questo era il pensiero che più tartassava la mia mente. Essere un augurio come tanti altri. È passata da poco la mezzanotte e vorrei farti gli auguri di compleanno, non per il dovere di essere tra i primi. Ma perché so che fai il compleanno ed è costume fare gli auguri. Potrei anche non farteli. Ma poi, ecco, ore e ore pensando a cosa scriverti. Mattina? Ore pasti? Sera? È mezzanotte e mezza, del giorno dopo. E penso di farteli ora. Come tempismo per far finta di niente, non è il migliore. Come fai tu a farmi sempre gli auguri a un orario qualsiasi, che qualsiasi per me non lo è mai? "Ehi, ciao! Auguroni, scusa il ritardo!" Invio. Che stupido.

Cabine e ricariche

Mi ricordo quando si avvicinavano le feste ed ero più piccolo. In classe ci salutavamo il giorno prima delle vacanze; maestre, docenti e così via tentavano di dare gli ultimi compiti mentre c'era già il caos generale. E puntualmente finivi per mancare qualche esercizio che poi chiedevi a qualche compagno tra i "bravi". Col telefono fisso chiamavi gli amici del cuore e facevi gli auguri. Qualche altro lo incontravi per strada o vi vedevate per giocare a tombola. Poi la scheda telefonica e le cabine, che per stare al passo coi tempi avevano anche gli SMS, a un certo punto. Ed ecco i cellulari e le ricariche che finivano in cinque minuti. E rido pensando agli SMS che mandavo a persone selezionate, con parole tutteattaccate. Oggi che scriversi è "gratis" sono anche io vittima dei messaggi di auguri in serie. E guardo con nostalgia il telefono e la cabina della piazza vicino casa mia.

Di quelli che

Di quelli che usava MSN, che faceva squilli aspettando squilli che aprivano un mondo di interpretazioni e portavano a fare altri squilli per capire. Che andava alle cabine telefoniche perché non aveva credito o usava siti poco sicuri per poter inviare messaggi gratis. Non c'era la possibilità di sapere se un messaggio fosse stato letto o meno. Dei tempi del "tv1kdb" o del "tvtrb", delle canzoni ascoltate dallo stesso auricolare. Delle serate in pizzeria senza Wi-Fi, con silenzi imbarazzanti. Di quelle dita che battevano sul tavolo a ritmo folle in attesa di qualcosa. Di amici che ti facevano: "Ehhh ti piace" e di quando lo facevi tu. Delle uscite senza sapere cosa piacesse all'altro, non potevi saperlo se non con passaparola o interrogatori fatti prima di incontrarlo. Senza dire tutto a tutti. Potevamo sentirci speciali perché sapevamo qualcosa che, effettivamente, pochi o nessuno sapevano già.

Sei bella

Amo l'imbarazzo
che provi
quando ti dico
che sei bella
e lo dico senza parole,
solo con lo sguardo
mentre tu lo abbassi
per la vergogna
e lo abbasso anche io
per continuare a dirti
quanto sei bella
anche se non lo sai.

Prima chiamata

Non c'era mica WhatsApp, non potevi nasconderti dietro messaggi vocali o social media. Dovevi telefonare. Certo, c'era il cellulare, non parliamo di epoche preistoriche. Ma, ecco, le dovevo telefonare. Essendo senza credito, dovevo chiamarla a casa dal fisso (altrimenti pagavo di più). Che tempi. Mi ero allenato sul tono di voce: avevo paura che, con la gola secca, mi sarebbe venuto fuori un tono troppo squillante da scolaretta emozionata. Avevo un foglio vicino al telefono con uno schema da seguire in base a chi avrebbe risposto: madre (-> suscitare istinto protettivo), padre (-> mio istinto di sopravvivenza), fratelli/sorelle (-> simpatia), nonni (-> gridare per farsi sentire). Ovviamente rispose lei e io buttai giù il telefono perché nel mio schema non l'avevo previsto. Così, quando ripenso alla nostra prima telefonata, ricordo solo il suo "pronto" e il mio non esserlo per niente.

Quando ti vedrò

Quando ti vedrò
ti bacerò
e
ti accarezzerò
i capelli
e tu
farai finta
di spostare
la mia mano
mentre
la incastri
con la tua.

Barzellette

Volevo baciarla.
Ma invece dissi una battuta
per farla ridere.
E più rideva
più io volevo baciarla.
Quando finii le barzellette
non avevo più scuse.
Lei si ricorda di me
come di "quello simpatico".
E io
come quella
che non baciai mai.

Chewing gum

Primo appuntamento. Tre o quattro chewing gum per ottimizzare l'alito e partire bene al "ciao". Arrivare con buona mezz'ora di anticipo pur uscendo dieci minuti prima dell'orario stabilito. Posizione incurvata della schiena per non sudare: bacino un po' in avanti per non far macchiare la maglietta in quel punto dell'osso sacro dove sembra ci sia una calamita per le brutte figure generate dal contatto tra il tuo sudore e i tuoi indumenti. Dire che sei appena arrivato anche se lei fa ritardo. Cercare la sua mano o il suo sorriso. Sfoderare le tue barzellette migliori che fanno pena ma da solo ti sembravano eccezionali. Ma lei ride e allora, allora forse c'è speranza e vuole rivederti ancora. Accompagnarla per un pezzo di strada, darle un bacio sulla guancia e saltellare perché dice "a presto". Non ti importa sapere se lo abbia detto solo per educazione. Non dimenticherai mai quella promessa.

Prima di uscire

Mi piace quando, prima di uscire,
mi chiedi se un vestito ti sta bene
anche se sai che non ne capisco niente di abbinamenti.
E mi piace che i miei abbinamenti li faccia tu e,
prima che io esca, mi sistemi la camicia
e mi dici grazie per non aver cambiato nulla.
Mi piace quando, per potermi baciare,
scendi di un gradino le scale dell'ingresso
perché siamo alti uguali ma ti piace stare sulle punte.
Ma io non ti guardo dall'alto in basso:
resti comunque la mia stella in quel cielo
dove mi piace tuffarmi la sera quando ti guardo negli occhi.

Ostiense

Era estate.
Appuntamento a Roma Ostiense
la scelta di un outfit nero
che se avessi sudato
non si sarebbe notato molto.
Però col nero avrei sudato sicuro
quindi meglio una maglietta bianca
con un pantalone nero.
Un giorno a pensarci
poi alla fine per bilanciare
mi ero vestito un po' nero
e un po' bianco.

Piramide

Scendere a Piramide
guardarmi intorno emozionato
dimenticare quale fosse l'uscita
(anche se l'avevo presa mille volte).
Dimenticare tutti i problemi
volermi lasciare andare
(anche se solo per un pomeriggio).
E poi tu
una limonata, un succo di melograno.
E ancora tu.
E ancora noi
a Piramide e Roma Ostiense.

Non posso promettere

Non posso promettere che ti amerò
finché lo vorrai, perché ti amerei
senza il tuo consenso se dovessi
smettere.
E dirò che ho smesso di amarti dopo
questa tua decisione.
Negando che continuo a cercarti nei volti
di chi passa.
E tu negandomi un sorriso qualora
dovessi incrociare il mio.
Nascondendo a entrambi
il sorriso che nasce nel cuore per il troppo orgoglio.

Proprio quando

Proprio quando non volevo innamorarmi,
ti ho incontrata.
E proprio quando non volevo innamorarmi,
e ti ho incontrata, tu invece volevi innamorarti.
E proprio quando non volevo innamorarmi,
e ti ho incontrata, e tu invece volevi innamorarti,
hai deciso di proteggerti da eventuali infelicità e hai chiuso il tuo cuore.
E proprio quando non volevo innamorarmi,
e mi sono innamorato e tu non volevi più amare, ti sei innamorata.
Ma quello che non voleva innamorarsi
e ti ha incontrata e ti ha fatto innamorare e si è innamorato,
purtroppo non ero più io.

Bussa alla porta

L'ho sentito camminare per strada. Fischiettare, sicuro di sé, quel motivetto che per qualche ragione avevo già sentito ma ricordo bene di avere ignorato. Mi ha infastidito, e ho deciso di chiudere la finestra. Inutilmente. Io non ero pronto. Nemmeno lo cercavo. L'ho sentito, aveva il tuo profumo. Il tuo passo svelto ma con molta classe. Tutte le volte che l'ho evitato, nascondendomi altrove, ora servono a poco. Lo sentivo arrivare e prenotavo il primo biglietto per l'ovunque ma non qui. Avevo sempre pensato che sarei stato io a metterlo in scacco, a camminare fischiettando con le mani in tasca. Ma ora, ora l'ho sentito svoltare l'angolo, sorridere puntando la mia porta. E ha il tuo sorriso. Ha in mano la tua ciambella preferita. L'ho sentito salire le scale e io mi sono messo sotto le coperte, inerme. Lo ammetto, mi sono emozionato. E così l'amore ha bussato alla mia porta.

Chiavi e sogni

Addormentati dopo di me
per vagare assieme nei miei sogni
poco dopo averli iniziati.
Tanto lo sai solo tu
che ogni notte
lascio la porta socchiusa
per farti entrare.
Altrimenti, inizia tu.
Tanto lo so solo io
che ogni notte
lasci la tua chiave
appesa con un filo a quella stella.

Ti ho vista

Ti ho vista nascondere i tuoi sogni e le tue paure in un cassetto
ma hai aspettato di essere sicura
che avessi visto dove nascondevi la chiave
prima di andartene via.
So che avrò il coraggio di prenderla,
ma non sarò io ad aprire quel cassetto,
no.
Sarò quello che ti porgerà quella chiave
e sarà accanto a te quando lo aprirai
e ti prenderò per mano,
te lo giuro.
E non te la lascerò mai.

Legno massiccio

Sono anni che non ci vediamo ed eccomi alla tua porta all'ottavo piano. Devo bussare. Un tocco deciso, da uomo con uno status. O un tocco delicato. Forse penserai che sono emozionato. Penseresti bene. Ma non voglio che tu lo sappia. Una cosa a metà, posso riuscirci. Quante volte bussare? Una volta, ma se poi non sentissi? Due volte potresti pensare che sono impaziente. E penseresti bene. Ma non voglio che tu lo sappia. Una e mezza, posso farcela. Che distanza dalla porta? Troppo vicino è da stalker, troppo lontano è formale. Guardo le scarpe e calcolo una distanza media tra loro e la maniglia. Alzo la testa e trovo aperto. Hai già visto tutto dallo spioncino della porta. Vorrei chiederti come sapevi che ero lì ma mi prendi la mano, che di certo preferisce la tua pelle al legno massiccio, e lascio scivolare le mie paranoie sullo zerbino del tuo ingresso.

Tu che pensavi

Tu che pensavi di dover bussare
a tutte le porte del mio cuore
e invece le avevo lasciate aperte.
Io, che tenevo tutto chiuso
per proteggermi, ti ho aspettata all'ingresso
e ho passeggiato con te
tra le mie paure
e le mie debolezze.
E tu
le hai baciate una a una.
E io
non ti ho lasciata andare via.

Tra orecchio e base del collo

La luce penetrava dalla finestra accarezzandole quel punto che io amo baciarle, tra orecchio e base del collo. E quel punto è solo mio: se qualcuno lo guarda anche di sfuggita io non ne sono felice. Ma quel raggio non mi faceva invidia. Quella maglietta che le arrivava poco sotto le ginocchia, di un tessuto molto leggero, si appoggiava leggera sui suoi seni e i suoi fianchi, lasciando intravedere qualcosa tra cui l'ombelico sul quale poggiavo sempre il bottone rotto del mio giaccone quando aveva la pancia scoperta e io stavo uscendo. La guardavo dormire, con un respiro così sottile che le prime volte stavo sveglio perché pensavo fosse morta. Poi, per errore o meno, spostava sempre la sua mano sul mio petto, apriva gli occhi e mi chiedeva scusa sperando (falsamente) di non avermi svegliato. E mi prendevo dieci secondi per contemplarla. La baciavo e aprivo le persiane.

Febbre

Sono venuto a svegliarti. Ti stropicci gli occhi. I tuoi occhi così dolci che li inzupperei nel latte o ci farei una torta. Stavo inciampando in una delle tue cianfrusaglie, ma non ho detto niente. Non questo weekend. Da domani e per altri quattro giorni potrò farlo. Ti tocco la fronte, scotti. Panico. Ho più paura di cosa potrebbe dire tua madre del tuo malessere. Non questo weekend, maledizione. Ti porto la colazione a letto, come una principessa. Lo facevo anche per lei. Da una parte spero tu le somiglierai. Ti metti le scarpe e sei pronta. Mi dai un bacio. C'è lei sotto. Lei che da un certo momento ha cominciato a parlarmi tramite lettere. Fiuta il senso di colpa. Ti tocca la fronte, mi conosce. Sto aspettando. Mi guarda. Eccomi, spara. «C'è un virus che gira, spero non te l'abbia mischiato.» Mi tocca la fronte. Scotto. Ma non è la febbre. Tu in auto sorridi. Hai capito. Anche lei.

Rottura

In una rottura si lasciano due vite intere: la vita che si è vissuta e quella che si sarebbe potuta vivere assieme. E la seconda è quella veramente difficile da abbandonare. Il non saper stare da soli, il timore di trovare la persona sbagliata, ricadere negli stessi errori. Il voler lanciarsi in qualcosa di nuovo, farsi vedere con quel nuovo dalle persone del passato per convincersi che si è voltata pagina. La pazzia nel pensare di essere stati sostituiti – e sentirsi in colpa vedendo di star provando a fare proprio quello. Gli amici che ti dicono di fregartene, quelli che a loro non era mai piaciuta anche se trenta secondi prima l'adoravano, quelli che vogliono psicanalizzarti perché fregarsene è da insensibili. E dopo tempo sei ancora paralizzato davanti a questo spartiacque emotivo, provando a fregartene in modo sensibile e provando a non impazzire perché saprai sempre di essere sostituibile.

Non permettere

Non permettere alla testa degli altri di decidere per il tuo cuore.
Sono quelli del “meriti di più ma non ti accontenti mai però”.
Quelli del “tanto ti passa”
ma a loro non passa mai.
Quelli de “il mare è pieno di pesci”
ma non sono loro a doversi buttare in mare aperto.
Sono gli stessi che quando ci stai assieme è perfetta
ma poi volevano dirtelo che non c’entrava nulla con te quando finisce.
Quelli che ci sono sempre nel momento del bisogno
ma solo nelle ore che hanno libere,
anzi nemmeno in quelle perché sono libere.
Non permettere alla testa degli altri di decidere per il tuo cuore.

Verme da esca

Facile dire
a chi soffre
per amore
che il mare
è pieno di pesci.
Soprattutto se,
chi lo dice,
non è
il verme da esca
che deve esporsi nuovamente
alle acque incerte
dei sentimenti.

Gli amici intorno

Ci dici che le stai scrivendo un semplice "a domani". Solo che con noi non lo fai mai, soprattutto se ci hai appena salutati di persona. E ripenso alle settimane scorse. L'imbarazzo quando la salutavi e poi scoprivamo che facevate la stessa strada. Il nostro sguardo perplesso quando ti ha chiesto un accendino, glielo hai dato, e noi sappiamo che tu non fumi. Sei panchinaro fisso della squadra, ma ti abbiamo lasciato ingigantire quel gol in rovesciata totalmente fortuito e lei ti ha ascoltato come fossi Ronaldo. Noi sappiamo già, e ridiamo mentre cerchi di minimizzare e nascondere che sei cotto. E in cuor mio ricordo di essere stato anche io così. Tutti noi lo ricordiamo. Lo so che innamorarsi è come andare in bici: una volta che impari è fatta, solo che invece di una mountain bike si tratta di un Boeing 777 sparato controvento. «A chi scrivi?» «Niente, controllavo il credito.»

A duemila

Credimi
ho provato a non andare a duemila dall'inizio.
Ma è un mio difetto di fabbrica
che non ho molta voglia di sistemare.
Anche se dovesse voler dire
rimanere intrappolato
in quella fiammata
mentre tu sei fuori
dal quel cerchio di fuoco
che mi guardi bruciare
con l'accendino
e la tanica in mano.

L'inizio

L'inizio di una cotta è quando, dopo ore a scriversi, tu saluti di fretta e per testarti non leggi come l'altro ti ha salutato, girando di proposito il telefonino con lo schermo rivolto verso il basso. E sogni tutta la notte cosa cavolo ha potuto dirti, ti svegli prima del solito, semmai sei riuscito a dormire veramente, leggi e inizi la giornata sapendo come e con chi vorrai concluderla un'altra volta. L'inizio di una cotta è quando, sempre dopo esservi scritti per ore, la vedi e provi a nasconderti dietro un palo della luce. Poi appena va via le scrivi perché sai di aver fatto una figuraccia. Ma lei sorride mentre prova a decifrarti, e tu non lo sai perché ti sei nascosto. L'inizio di una cotta è provare a essere migliori di ciò che siamo o provare a fregarcene quando invece cerchiamo solo di scorgere in quello sguardo dell'altro qualcosa che ci faccia capire che non siamo i soli in questa follia.

Ghiacciolo

La mia cotta per te
è stata come quando ho messo
quel pezzo di ghiacciolo enorme
in bocca:
era il mio gusto preferito,
lo amavo,
ma mi aveva congelato la testa,
non capivo
più niente.
Neanche quanto,
nonostante il buon sapore,
mi stesse facendo male.

Sono io – mentre lo dico

Sono quello del "col cavolo che mi muovo per lei" e mentre lo dico sono già in stazione ad acchiappare un treno. Sono quello che, avendo scritto per ultimo, adesso tocca a lei ma mentre lo dico sto iniziando una conversazione basandomi su una scusa assurda. Sono quello che odia i ritardi agli appuntamenti, ma mentre lo dico l'ho aspettata quaranta minuti e stai tranquilla che non c'è problema, ero appena arrivato. Sono quello a cui non piacciono i calamari al sugo, ma mentre lo dico mangio il quarto che ha cucinato e faccio roteare il dito accanto alla mia guancia per dirle che è buonissimo. Sono quello che odia il rumore di chi mastica, ma mentre lo dico mi cullo ascoltandola mangiare patatine supercroccanti. Sono quello che non ci tiene a una storia e mentre lo dico mi innamoro sempre. Sono quello che sono rimanendo convinto di non esserlo.

Non guardarmi

Non guardarmi mentre mi sto innamorando. È come quando tiravo un calcio di rigore: in allenamento li facevo tutti e poi con l'audience sbagliavo sempre. Non guardarmi, per me è come quando facevo gli esercizi: a casa potevo scrivere cavolate, ma alla lavagna, davanti ai compagni e agli insegnanti, non era lo stesso. Girati dall'altra parte, mi sembra di essere alla prima con la band, dopo tutte quelle prove perfette, che poi sbaglio accordi perché la gente è lì che aspetta qualcosa. Non guardarmi mentre blatero e blatero e blatero ancora dopo che ti avevo detto di essere una persona sintetica e rischi di rimanere incastrata nelle mie parole. Non guardarmi mentre mi sto innamorando. Però, ascoltami, se guardandomi mentre mi sto innamorando ti dovessi innamorare di me, allora ti prego fissami e scolpiscimi nei tuoi occhi senza fermarti mai.

Hai presente?

Hai presente quando ti ho vista aspettare l'autobus sul muretto e sono inciampato per l'emozione? Hai presente quando hai alzato lo sguardo dal tuo libro, hai perso il segnalibro e sei venuta ad aiutarmi? Hai presente quando mi hai chiesto se stavo bene? Hai presente quando mi sono sollevato in piedi dolorante e ho detto che era tutto a posto? Hai presente quando il mondo si è fermato ma l'autobus ci è passato davanti? Hai presente quando ce ne siamo accorti ma non abbiamo avuto il coraggio di dire niente perché era bello e basta? Hai presente quando, in silenzio, ci siamo seduti sul muretto? Hai presente quando hai riaperto il libro dall'inizio, incurante del fatto che prima di incontrarmi fossi già a più di metà? Hai presente quando sono passati altri autobus e noi siamo rimasti ancora qui? Spero tu abbia presente tutto questo, perché io vorrei che avesse un futuro.

A ventisette anni

Dicono che gli amori a quattordici anni siano immaturi. A sedici anni non si scherza, con mal di pancia e digiuni che fanno preoccupare. A diciotto anni ci sei, con quella rosa in mano che butti nel cestino quando lei ti passa accanto. A vent'anni sei convinto e sicuro perché è cifra tonda e non puoi sbagliare e lei, che capisce, ti vede solo come amico e la cifra tonda, a quel punto, la spendi al bar. A ventiquattro anni, quando hai qualche risparmio, fai follie e lei ti guarda spaventata. A venticinque non hai molto da perdere, tranne la ragione, e ti lanci per prendere un bel no secco, ma poi tu dici che scherzavi. A ventisette anni, nonostante tutto, sei immaturo, digiuni, hai una rosa in mano, convinto e pronto a fare follie ma non sei più disposto a prendere un no. Allora, forse, sei cresciuto un po' in questa giostra degli amori dalla quale non si scende veramente mai.

Storie passate

Dalle storie passate impariamo tante cose. Impariamo che non bastano i sentimenti, le buone intenzioni e i propositi. Spesso non sono sufficienti nemmeno le azioni, i gesti più folli. O quelli più comuni. Quelli quotidiani. Non basta condividere gli stessi sogni, gli stessi progetti. O chiedere scusa dopo gli errori commessi pensando di non aver fatto del male. Impariamo che non bastano rose o baci dati bene. Potrebbe non bastare dire frasi romantiche e poetiche al momento opportuno. Cosa serve allora?, ci chiediamo, mentre guardiamo coppie felici per mano. Coppie che si scambiano sguardi, che sembrano dire che hanno tutto e non serve altro, che ti fanno dubitare di tutto. Quelle coppie che, in realtà, potrebbero porsi le stesse domande prima di dormire. E quando uno chiede cosa c'è, l'altro risponde "niente". E in quel "niente" c'è tutto da imparare ancora.

Svesti

So che non ti svesti facilmente
delle tue paure
per non sentire il freddo della nuda vulnerabilità.
Non sono qui per coprirti
con le mie parole o con possibili verità.
Sono a mani vuote
e anche io ho freddo spesso e mi sento nudo
pur avendo mille strati e corazze di cartapesta.
Ma sono certo che assieme
sapremo scegliere i vestiti migliori per camminarci a fianco
e avere meno paura mano nella mano
nel freddo e con le nostre meravigliose vulnerabilità.

Bici – storia semplice

"Hai voluto la bicicletta? Pedala." Era la frase tipica che le persone intorno a me ripetevano quando ero nel mezzo di una storia dove il tracciato cominciava a salire. Io con la mia mountain bike e chi mi accompagnava con la sua bici. In questo modo ognuno aveva i propri spazi e la libertà di deviare. Col tempo però, in ogni storia, uno dei due si stancava un po' e l'altro doveva fermarsi. Nei momenti cruciali, dove c'era lo stallo, capitava di essere lasciato indietro. Per tanto tempo mi sono fatto affiancare da biciclette con cui percorrevo strade in pianura o in discesa con facilità, con le gambe al vento e frenando senza dubbi. In salita, invece, arrivavo solo o mi fermavo a metà. Poi spuntò lei, con il suo tandem. Mi invitò a provarlo. Completamente impacciati all'inizio, trovammo poi il nostro ritmo. E fu così che lasciai la mountain bike nel garage, senza riprenderla più.

Magnetismo

Lo strano magnetismo tra caratteri totalmente diversi. La curiosità di sensazioni estranee fino a quel momento. L'esplorazione reciproca. Attrazione. Proprio come funzionano le calamite. Si dice che gli opposti si attraggono, io aggiungo che non per forza sono destinati a restare uniti nonostante quella potente forza che li congiunge. Forse è quel piccolo spazio di libertà che hanno i poli simili che permette loro di camminare fianco a fianco senza soffocarsi troppo, per vedersi nell'insieme. E se si avvicinano troppo, ecco che cambiano percorso. Sono destinati forse a non essere una cosa sola. C'è chi invece, come me, vive di collisioni magnetiche. Questo per dirti che, nonostante il tuo non essere d'accordo su queste mie contorsioni mentali, è stata la somma di tutte le cose che non c'entravano con me che ti ha reso così unicamente speciale e interessante ai miei occhi.

Speciale

Non voleva essere speciale
per non sentirsi responsabile
della felicità
di quel ragazzo fragile
che cercava di mascherare
maldestramente
l'interesse per lei.
Il problema
è che non puoi decidere
se essere speciale per qualcuno:
lo sei
e basta.

Fede e co(scienza)

Secondo la scienza l'occhio umano può distinguere circa dieci milioni di colori differenti. Sai bene che sono scarso nel riconoscere un nero da un blu scuro, ma conosco perfettamente ogni minima sfumatura racchiusa nella tua iride. Il dieci per cento delle nostre giornate lo spendiamo sbattendo le palpebre. Farei lacrimare gli occhi piuttosto che perdere quella percentuale di tempo in cui potrei guardarti mentre stai sognando. Dice la scienza che il battito del cuore si allinea al ritmo della musica che ascolti. Neanche un concerto rock riuscirebbe a modificare l'equilibrio che ormai ho raggiunto con le tue pulsazioni. Circa il sessantacinque per cento del corpo umano è composto di acqua. Quel trentacinque che posso dedicare a te mi sembra poco, ma posso sudare un po' di più per aumentarlo. Abbi fede nella mia co(scienza).

Il concerto

Eravamo seduti vicini al concerto del cantante che inseguivo da anni. Avevo sempre provato ad andarci in passato con altre persone, ma non avevo mai convinto nessuno. E io per primo non ero molto convinto di portarci qualcuno. «Come mai sei qui?» Lei, maglietta del cantante addosso, sorrise per il mio approccio maldestro. Se mi dimenticavo le parole facevo "nanana" e pendevo dalle sue labbra e posso dire, con amorevole umiltà, che anche lei faceva lo stesso. All'ultimo pezzo, per l'entusiasmo, chiusi gli occhi e avevo la sua mano nella mia e ci ricordavamo tutte le parole. E ondeggiavamo. E gliela dedicai. Alla fine ci perdemmo. Sul bus incontrai degli amici e raccontai quanto fosse stato emozionante quando ci eravamo presi tutti per mano. Mi guardarono stupiti e mi dissero che nessuno si era preso per mano. Sorrisi, e ringraziai Damien Rice.

Faccio il figo

E in metro o in treno
ti tieni a me.
Mi piace.
Faccio il figo:
non mi tengo alla sbarra,
sorreggo tutti e due.
Il macchinista credo lo sappia
e frena di botto.
Cadiamo, assieme.
Ci rialziamo, assieme.
Mi piace.
Mi piaci.

Flusso

Ci sono canzoni che ricordano momenti passati, ed è normale. Ma ce ne sono poche che hanno un effetto di ispirazione. Quando una di queste canzoni parte, c'è un flusso che va dal mio orecchio e si dirama al cuore e al cervello. Il primo batte più forte, il secondo comincia a farmi venire in mente un sacco di immagini confuse. Per qualche ragione, i due organi si connettono. Il cuore seleziona gli attimi più importanti. Alcune note della canzone si disperdono nello stomaco creando la solita sensazione di farfalle. I piedi sono troppo lontani e non battono, come fanno per tutte le altre canzoni. Il flusso passa anche tra collo e orecchie, dove un brivido mi assale ogni volta che un'immagine viene selezionata dal cuore. Le labbra assaporano momenti perduti, le guance arrossiscono, le pupille si dilatano. Alla fine di tutto, le mani che raccolgono parole. Questo è quanto. Tanto.

Non chiedere

Non chiedete a uno scrittore di scrivere per voi: lasciate a voi il tempo di arrossire per la sorpresa di ricevere qualcosa e a lui la stessa possibilità. Non cercatelo se non volete che eventualmente passi delle notti in bianco. Non stupitevi se lui le passerà né se non vi dirà che le ha passate. Non fatelo innamorare pensando che trascorra le giornate a conquistare il cuore fragile di chi legge, perché il cuore fragile forse potrebbe averlo lui. Non maleditelo se non corrisponde alle vostre aspettative, neanche lui a volte le attende per sé. Non maleditelo se non vi scrive cose d'amore, perché come per le cose d'amore che apprezzate, anche per le altre risponde solo all'ispirazione. Non invidiate lo scrittore che scrive molto: preferirebbe di gran lunga vivere delle storie d'amore di cui narra piuttosto che sperarle narrandole. E chissà se sono mai stato io questo scrittore.

Non scrivi mai

«Perché non scrivi mai per me?»
mi chiedesti
facendomi la linguaccia
e scappando per farti prendere.
Ma tu non sai
quante cose ho scritto
guardandoti nel profondo degli occhi
senza aver bisogno di penna
quaderno
o tastiera.
E io continuo a correre
senza prenderti mai.

Strano (senza speranza)

È stato strano vederti dove ho mosso i primi passi, dove ho avuto le prime cadute e ricadute. È stato strano vederti parlare con gli abitanti del paesino. È stata strana la naturalezza con cui hai camminato per le strade dove ho preso altre per mano, dove la mia mente da romantico senza speranza si stava formando mentre andavo a scuola. E tu, che hai percorso con me questo viale dei ricordi, tu sei stata perfetta mentre io balbettavo storie assurde, sotto i colpi di un altro sentimento senza speranza che cresceva e mi faceva sentire come quando, da adolescente, incespicavo tra i battiti del mio cuore. È stato strano finché non ho capito che ti sei appropriata del paese, delle sue ultime immagini, delle strade che avrei ripercorso, di quel punto dove noi. Di tutto ciò che ero e del perché sono così. Ma tu, tu per me resti un mistero. E io, un romantico senza speranza.

Invece

Continui a ripetere:
«Ce ne fossero di più di ragazzi come te».
Ma mi chiedo a cosa ti servano dei miei sosia
se non scegli neanche me che ti sono davanti.
Invece di cercarmi nei volti degli altri,
vieni qui, ci prendiamo un caffè
e restiamo assieme fino al tramonto
e poi fino alla fine del mondo se ci va.
Ti dico tutto questo,
anche se io per primo
ti cerco negli sguardi delle altre
per paura di guardare il tuo e non riuscire a dirti quanto ti vorrei.

Quasi

Mi avevi quasi fregato quando hai appoggiato la tua testa sulla mia spalla e sembrava non volessi che io andassi via. Quando hai riso alle mie battute, mi sei stata così vicina che mi guardavo nei tuoi occhi e respiravo dalle tue narici ed era buono, ti giuro che me l'avevi quasi fatta. Quando hai aspettato con me, hai mangiato con me, mi hai raccontato di te, hai ascoltato e annuito con interesse ai miei racconti. Quanto ci stavo cascando quando sembrava non sapessimo cosa fare con le mani, con gli occhi, con tutto il nostro corpo e non sapevamo cosa dire. Ci ero quasi cascato, ero proprio sul punto di. Sul punto di innamorarmi. Pensa tu se ci avessi creduto veramente, se mi fossi innamorato veramente. Semmai fosse successo, se fossi stata così brava e io così come sono, starei qui a scriverne decidendo di dimenticarti con qualche frase sconnessa. Sembra quasi possibile. Quasi.

Tentativi

E continuano sempre a ripetermi:
«Ma che te ne frega di lei».
Ah ma io vorrei fregarmene,
il fatto è che è lei
che frega sempre me.
Tutti gli amici mi dicono:
«Basta che respiri».
Eh, no.
«Basta che mi tolga il respiro.»
La verità è che mi manchi.
E non serve tenersi impegnati
quando si è impregnati di te.

Messaggio in segreteria

Da quando si era trasferita in un'altra città, il nostro quotidiano era il telefono. O i messaggi in segreteria. Una volta ne registrò uno dove semplicemente diceva "Ti amo". Di solito li cancellavo subito, altrimenti si sarebbe riempita la cassetta. Ma il giorno dopo quel messaggio, senza troppe spiegazioni, mi lasciò. Così, rientrando dal lavoro ogni giorno, lo riascoltavo: le mie orecchie erano un cimitero di suoni del passato. Ne ero diventato dipendente. La cassetta si riempiva di messaggi, ma io tornavo sempre a quello. Un giorno la ritrovai al portone di casa. Ero sorpreso. Mi supplicò di tornare con lei, mi disse che mi aveva lasciato tanti messaggi per scusarsi e io non avevo risposto. Ma io non li avevo sentiti. E non la stavo ascoltando nemmeno in quel momento. Mentre parlava, aprii la porta e la chiusi fuori. Mi versai del whiskey e ascoltai di nuovo quelle due parole.

VHS

Sono qui, seduto in cucina, a girarmi i pollici. Tu sei nell'altra stanza, credo seduta sul letto o forse in piedi a organizzare l'armadio. Sto svolgendo questa attività come passatempo dopo quello che mi hai detto. Che temevo mi dicessi. Mi hai chiesto una pausa. Lo ammetto, le cose non stavano andando granché bene. Hai detto che ti serve tempo, per capire. Che dobbiamo stare lontani per un po'. Devo dire che sono rimasto confuso. Non penso che una relazione sia come una videocassetta inserita nel videoregistratore dove puoi scegliere di mettere in pausa, tornare indietro, andare avanti velocemente e così via. In alcuni casi sarebbe utile e comodo, con un grande risparmio di errori e discussioni. Ma io non credo nelle pause. Perché a volte si finisce col premere stop e non play. E sento, anche se lo negheresti, che hai già pronta un'altra videocassetta.

Sola andata

Aspettavi una sua chiamata da tempo. Dopo la rottura eri cambiato. Un giorno mi dicesti: «Se non mi chiama oggi, farò un viaggio di sola andata». Ero contento, ti avevo sempre detto che cambiare aria era un bene. Dalla stanza a fianco ti vedevo chiudere la valigia e poi vestirti. Mi ricordo bene quella combinazione jeans-maglietta-scarpe: te l'avevo suggerita io per il tuo primo appuntamento con lei. Ti chiedo di nuovo la meta. Mi guardi, e ora forse vorrei non lo avessi fatto. Avrei dovuto capire? Vai verso la porta. Ti giri e fai «Il tram passa tra poco, vero?». «Certo F., gli orari li sai a memoria.» Avrei potuto capire? Ti sento scendere le scale, tu che hai sempre preso l'ascensore. Probabilmente guardavi lo schermo, sperando. Eri fermo sul marciapiede, per prendere il 9. E lo hai preso, in pieno. Poco dopo il cellulare semidistrutto suona.

Non ancora, ti prego

Guardo la finestra alla mia sinistra. Muovo le mie pupille, almeno questo stretching me lo concedo. Potrei sollevare montagne coi miei occhi. È questa la mia libertà. Quanto mi prude il polpaccio. Ma nessuno mi sente. Le carezze di mia madre che pettina il volto un tempo pieno di imitazioni. Lei, invece, con cui avevo progettato una vita felice, non viene a trovarmi da tanto. Due anni che mi prude il cuore, che vorrei dirle tante cose, ma mi è stato impedito quella notte dopo averla accompagnata. La velocità del mio cuore, quella dell'auto. Guardavo la porta alla mia destra. Mi dava forza e speranza. Mamma lo sa, oggi sto guardando solo a sinistra. Forse ha capito che mi sono arreso. Il rumore della macchina è il mio iPod in repeat. Arrivano tanti amici oggi. Spegneranno l'iPod. Eccoci. Ma è lei alla porta? È lei. Un attimo, un attimo solo, devo parlarle. Non ancora, ti prego. Piatto.

Volante

Sono qui al volante dell'auto parcheggiata. So come si accende, come si cambiano le marce. So che si sorpassa a sinistra e non si usa il clacson impropriamente. Che alle strisce pedonali bisogna fermarsi, so che si passa col verde e si sta fermi col rosso. Lei sapeva benissimo queste cose, anzi mi richiamava sempre quando cambiavo canzone all'autoradio o la fissavo per degli istanti che la sua ansia faceva sembrare minuti interi che potevano costare caro. E quel giorno in cui guidavo, quella frazione di secondo in cui mi sono testardamente voltato per farle un complimento, è costata una vita intera. E oggi i miei occhi non hanno tergicristalli. E non ho il coraggio di guardare il sedile vuoto accanto al mio, che era il mio vero punto di riferimento per andare avanti per chilometri. Scendo dall'auto, metto l'antifurto, e dimentico il codice della strada per ricordarmi soltanto di lei.

A domani

"A domani"
è un posto bellissimo
da visitare
assieme.
Ma ricordo
quando
ci siamo detti
"a domani"
senza sapere
che
un domani
non ci sarebbe stato.

Se telefonassi

Questo folle sentimento che mi ha avvolta. Quante attenzioni. E mi piacciono, come mi piacciono. Non me lo aspettavo. E mi piacevano troppo i tuoi messaggi la mattina e la sera. E mi spiaceva dovertelo dire così presto. Quando mi hai preso la mano quella notte e io ti ho fermato. Ma non sapevo come dirtelo. Spiegartelo. Sono scappata. Potrei giustificarmi dicendo che devi cercare risposte dentro di te, o forse ci siamo posti le domande sbagliate. Ho spento il telefono. Ma non posso dimenticare il tuo numero. Quante ore al cellulare, quanti sguardi. Se telefonando riuscissi a dirti "non sei tu, sono io", ti chiamerei. Se io rivedendoti fossi certa che non hai un'altra, ti rivedrei. Se guardandoti negli occhi sapessi che mi hai ancora in testa, ti guarderei. Ma non ho il coraggio di dirmi che questo amore che in te è appena nato per me è già in(finito).

Distrarsi non è difficile

Distrarsi non è difficile: puoi guardare serie TV a non finire, chiamare le amiche, parlare di tutti i loro problemi, uscire, bere, incontrare gente. Puoi leggere un libro nuovo o rileggerne uno che ti piace e ti fa viaggiare verso altri porti. Puoi concentrarti sugli studi, sul lavoro, sulla carriera. Forse la carezza di quel tizio al bar per un attimo ti farà dimenticare di lui. Tornerai e ti farai una doccia calda, troverai la ricetta di un piatto nuovo e focalizzerai le attenzioni su quello. L'importante è non pensare a lui. Quella variabile incontrollabile che destabilizza la tua mania di controllo. E la sua voce, quel bacio che ti ha dato tenendoti la testa tra le mani. Lasciarti andare dopo tante sofferenze passate. Mandarlo via, dire "non sei tu, sono io". Chiederti perché, chiederti se era giusto. Risponderti che non era l'uomo giusto e sapere che era di più. Distrarsi non è difficile, mentire a te stessa lo è.

Maledette promesse

Se voglio posso uscire dal giro. Così mi dicevi. È l'ultima, no 'spe', ne è rimasta ancora, dai che son forte, vattene a casa. Non fa male presa poca e in occasioni speciali. E ogni giorno era un momento speciale. L'esame, l'incontro, la stanchezza, la noia. Maledetta noia. E la stupidità. Mi facevi incazzare perché non c'era motivo, non trovavo il motivo. Lei mi chiedeva di te e io le dicevo ma non sei la sua ragazza, parla con lui. Mi dicevi grazie bellezza che non le hai detto niente. Poi mi guardavi con lo sguardo scavato, difficile ormai da mascherare. Ti prego, fallo per lei, fallo per te, smetti! Ti aiuto. No, non mi serve a una mazza il tuo aiuto. Mi dicevi piegandoti con il viso sul tavolo dove a Natale giocavamo a carte. Bei tempi. Domani smetto, te lo prometto. È l'ultima. E l'indomani avevi smesso. Come promesso. Con tutto, con tutti. Maledetta l'ultima. Maledette promesse.

Caramellina

Come una caramellina in sala d'attesa
aspettando di essere presa
da tutte quelle mani di sconosciuti
che ti rigirano e non ti scelgono mai davvero.
Poi, anche se eri nascosta da mille altre,
ti ho scovata.
Con la carta un po' ingiallita,
e un po' di ammaccature.
Con le fragilità e le paure,
ti ho raccolta.
Non sei mai stata così al sicuro
come tra le mie mani.

Quando pensi

Quando pensi di non essere amato, ricordati di lei che aveva paura del buio e ti baciava a occhi chiusi. Dei tuoi che entravano a piedi nudi in camera per rimboccarti le coperte anche se tu avevi lasciato vetri rotti a terra sbattendo la porta. Ricordati dei tuoi fratelli, che ti portavano a scuola o mantenevano i tuoi segreti assurdi. Di chi si è fidato di te anche se non sei sempre onesto, pur se a fin di bene. Ricordati dei sorrisi che ti hanno dato, di chi ha riso alle tue battute orrende, di quell'amico che ti ha accompagnato a casa e stava morendo di sonno. Di chi è stato a sentirti mentre ti lamentavi e sicuramente aveva di meglio da fare anche se ti ha giurato il contrario. Forse non è amore, ma è davvero un sacco di bene. Ricordati che nessuno è obbligato ad amarti, ma soprattutto ricorda che per primo devi amare quella persona davanti a te mentre sei allo specchio.

Datti

Datti tempo. Datti spazio. Datti pace. Chiediti tutto quello che vuoi e prova a risponderti da sola, ma non è detto che sia la pura verità. Datti tempo. Non avere fretta, anche se continui a chiederti quando smetterai di soffrire. E non lo saprai, puoi soltanto viverlo sulla tua pelle, in barba ai tanti consigli che riceverai. Non esiste un tempo prefissato se non quello che ti prendi. E prenditelo sul serio. Datti spazio. Puoi anche pensare che "chiodo scaccia chiodo" ma chi ti dice che non sia tu quella usata per scacciare un altro chiodo? Tutte le cose che finiscono hanno avuto un inizio, ma non tutto ciò che inizia finisce per forza. Non aver paura, anche se ti sembra che la burrasca non finisca mai e che, a volte, ti ci stia buttando consapevolmente. Non sai quanto sia resistente la tua barca, anche se pensi il contrario. Ama il tuo tempo, ama il tuo spazio e ama la tua pace.

Troppo familiare

All'annuncio del numero del treno, il brivido di un flashback mi percorre tutta la schiena. Controllo il biglietto, per sedare il panico di non essere al posto giusto nel momento giusto. Trovo il mio posto e mi siedo. Sembra che ci sia la mia forma in quel sedile. C'è un graffio in un angolo, proprio simile a quello che feci anni fa per ricordare quel momento. Dieci anni, eppure sembrava proprio il treno dove ci eravamo presi per mano senza volerlo e lasciati volendoci ancora. Una signora fa per sedersi. «Mi scusi, è occupato» le dico. Lei controlla il biglietto e ho ragione. Io l'ho detto in preda all'emozione. Non pensavo di avere riservato anche quel posto e invece è vero. Ho prenotato per due. Proprio come dieci anni fa. Proprio su quel treno. Ma senza di lei. Solo i miei ricordi accanto, in silenzio, che mi prendono per mano. La tua mano.

Godot

In questa terra di mezzo, surreale e senza tempo, ci siamo incontrati. Abbiamo parlato del più e del meno. Lui diceva quanto fossi cambiato, di quanta barba avessi in più. Io invece di quanto bambino sembrava lui, di quanta strada doveva fare per arrivare dove ora ero io. Ci siamo ritrovati qui, nessuno dei due se lo immaginava. Stavamo aspettando lei, chi per una ragione chi per un'altra. Uno per delle scuse, l'altro per delle motivazioni. Che poi comunque erano scuse. Entrambi straconvinti di non aver bisogno di lei. Ci guardavamo e occupavamo il tempo parlando del niente. Sapevamo che non sarebbe venuta. In questo specchio temporale, pensavo a quanto fossi cambiato ma su di lei ero rimasto come allora. E sentivo la sua angoscia nel guardarmi e vedere che nulla era cambiato dopo anni. «Be', finiamola qui», «Sono d'accordo, basta così.» [La amano ancora.]

Arriva

Appena alzato, questa mattina, sentivo qualcosa allo stomaco. Banalmente ho creduto che le mie funzioni gastriche si fossero messe in moto. Forse non era lo stomaco, ma era qualcosa che veniva da più in alto e il mio stomaco semplicemente amplificava. La testa e il cuore battono per cose diverse. Non si può sempre vivere nel cervello, ed è qui che la vulnerabilità prende il sopravvento e – senza volerlo ammettere – arriva. Ti fa paura. Ti blocca. Non capisci il perché e più te lo chiedi più ti senti in gabbia. Non fa piacere, sembra una regressione dal tuo percorso. Chiudi gli occhi. Si insinua. La respingi. Continui a lottare con tutte le tue forze. In teoria. Mente mente (nome e verbo). Alzi le mani e ti arrendi. Lasci che, come acqua di una diga appena frantumata, ti si scaraventi addosso. La diga della razionalità ha alzato bandiera bianca. Arriva. La nostalgia.

Primizie – aria di casa

La prima volta che ho corso nel corridoio. La prima volta che mi sono arrampicato sul letto a castello. Il primo gelato che ho mangiato senza l'aiuto di mamma e papà. La prima volta che sono andato a scuola da solo a piedi. Il primo migliore amico. La prima partita di pallone. La prima volta che ho sentito le farfalle nello stomaco. La prima volta che sono state sterminate quelle farfalle. Il primo bacio. Il primo schiaffo. La prima festa senza genitori a casa. Il primo gruppo di amici. La prima volta che siamo tornati dopo cena. La prima volta che ho suonato in un gruppo. La prima volta che ho nuotato senza braccioli. La prima volta che ho guidato un motorino. Alcune primizie di vita che mi fanno pensare alla casa dove sono cresciuto e alla città impregnata di questi ricordi, dove l'aria è un po' pesante ma dopo qualche respiro ti fa volare sopra le nuvole della memoria.

Supereroi e horror

Ah il primo film al cinema. Ricordo quella volta che gli amici mi invitarono a vedere un horror al cinema. Ora, io non amo gli horror. Mi diverto a vedere gli altri spaventarsi, però se sono io un po' meno. Ma ci andai perché sapevo che c'era lei. Sbaragliai la concorrenza e mi sedetti accanto a lei che mi chiese se poteva tenermi la mano e nelle scene crude stringermela. Volevo fare il supereroe e dissi di sì. Il film non penso che lei lo vide proprio, con gli occhi rannicchiati in un angolo della sua faccia. Io ero con l'occhio semiaperto (quello che lei poteva vedere) e l'altro chiuso. All'uscita del cinema avevamo le mani gonfie e pulsanti per quanto le avevamo strette. Lei si scusò, ma io volevo tenerla ancora per mano. E la invitai al cinema un'altra volta senza dire niente sul titolo. Fu il film più romantico da vivere per due ore mano nella mano con lei. Ah, ovviamente, scelsi un horror.

Sorridevi

Sorridevi.
Ti guardavo
ti giravi
e mi chiedevi:
«Perché sorridi?».
(Io non mi ero accorto di stare sorridendo.)
«Niente, mi rilassavo.»
Ti dicevo:
«Sei bellissima».
Ti avrei voluto dire:
«Perché mi sto innamorando».
Era già scritto.

Diplomatico e circostanziale

Quella era la sera giusta, come sapevo che giusta eri per me. «Sai» dissi, «c'è una cosa...» Non vidi eccitazione nei tuoi occhi. «Io, mi sto innamorando di te. Ho pensato fosse giusto dirtelo.» Giusto, come giusta la serata e la persona. Rimanesti in silenzio. Mi guardasti impalata, ma non lasciasti la mia mano. Mi volevi torturare forse. Troppi film romantici assieme, è una tecnica della tua regia mentale. Bevesti l'acqua tutta d'un fiato. «Io... non so cosa dire.» Potevi dire che ricambiavi. Me ne uscii con un diplomatico e circostanziale: «Non importa, non te lo aspettavi, volevo dirtelo comunque». Mi piace pensare che ti sei pentita di quell'incertezza, anche ora mentre ti osservo con quel tipo al tavolo di fronte. Che con lui hai sempre qualcosa da dire, per coprire l'imbarazzo e la noia, e io sia stato l'unico che ti ha lasciata senza parole.

Neanche per sogno

Il rifugio dalle mie insicurezze erano i miei sogni. Quelli dove da bambino ero un calciatore fortissimo o un cantante famoso. Nei miei sogni c'era un po' di realtà: in quello del calciatore ero comunque difensore o portiere. In quello del cantante, be' anche a casa emettevo suoni. Dal portone della mia vita adulta sei entrata tu. In questa realtà che ci fa incontrare nell'atrio riusciamo a malapena a salutarci senza arrossire. Chiudo gli occhi la sera, sei distante anche qui anni luce. Sei entrata in punta di piedi nelle mie notti, dentro il campo da calcio, sul palco del mio concerto. Hai invaso la mia fase REM. Ma resti sempre inarrivabile. Mi chiedo perché continuo a cercarti nei miei sogni, se neanche per sogno riesco a parlarti. Perché per qualche strana ragione ho l'impressione che anche io sia nei sogni tuoi in queste notti. E per ora mi sta bene questa strana incerta ma perfetta sincronia.

Quando è sera

Quando è sera, stai per rientrare a casa a piedi e fai il giro più lungo per digerire. E anche per passare sotto casa sua e vedere se ha la luce accesa (hai mangiato mezza patatina che hai digerito già col pensiero dopo quattro secondi, in verità). E mentre ti stai avvicinando, ti dici che, se è accesa, basta, è il momento di parlare e dire tutto quello che provi. È accesa. E quando ti rendi conto di essere spacciato perché hai finito anche tutte le altre scuse che avevi in mente, cerchi di formulare almeno una decina di frasi fatte dal senso compiuto, fai un copia-incolla nella tua testa e le adatti alla tua personalità. Intanto il tempo passa e la sua silhouette si aggira dietro le tende sottili. Una sagoma che osserveresti per ore anche in piedi per strada, nella posizione più scomoda. Sei proprio al portone. Sporgi la testa un po' indietro per un ultimo controllo. Spenta. Be', dai, riproviamo domani.

Dire, fare, (a)mare

Potrei dirti di uscire, di andare in quel posto che ho capito ti piace tanto. Ti direi di prendere una birra, farei un po' l'esperto. Farei finta di conoscere tutto quello di cui parli, oppure farei il contrario in modo che tu possa parlarne senza pensare di ripetere qualcosa e annoiarmi. Ti direi di fare un giro in macchina, anche se non guido da quando ho preso la patente, farei finta che non si accende e ti direi che possiamo tornare a casa a piedi. Farei quegli otto chilometri in più per continuare a far finta di non sapere nulla rischiando di sembrare ignorante. Ti direi che sono stato bene, farei il possibile per baciarti ma non lo farei. Ti direi queste cose e le farei. Invece resto immobile e ti guardo impaurito e inerme, con il cuore a mille e in silenzio. Mi direi che va bene così e farei finta di niente. Perché sono fatto così. Perché io, senza dire né fare, è così che so (a)mare.

Beatitudini

Beati quelli che hanno un interruttore emotivo-emozionale.

Beati quelli che sanno incolparsi da soli senza sentirsi colpevoli sul serio.

Beati quelli che fanno innamorare senza innamorarsi, ed è colpa tua che hai capito male.

Beati quelli che fantasticano ma restano coi piedi per terra.

Beati quelli che sanno essere infelici, se ne lamentano, ma perseverano felici.

Beati quelli che chiusa una porta si apre un portone, perché è evidente che hanno mazzi di chiavi che tu non hai.

Beati quelli che "ah ci fossero più persone come te", ma non gli piaci lo stesso.

Beati quelli che non scrivono beatitudini perché pensano di essere beati.

I ragazzi

I ragazzi delle elementari prendono in giro le compagne quando sono interessati. Scappano all'uscita di scuola e si girano a guardarle facendo la linguaccia. I ragazzi delle medie iniziano a non prendere più in giro chi sta con le ragazze ma prendono comunque in giro le ragazze cercando di essere divertenti per piacere. Danno il primo bacio e chiedono se si fa così e se è piaciuto. I ragazzi del liceo si muovono in motorino, portano lo zaino su una spalla e si fanno venire contratture che mascherano dietro una faccia da duri. Baciano seduti sul sellino. I ragazzi dell'università baciano mentre sottolineano libri di trecento pagine. E io? Quando li osservo mi viene da sorridere perché mi sembra di guardarmi allo specchio. E mi chiedo che ragazzo sono stato alle elementari, alle medie, al liceo e all'università. E, mentre me lo chiedo, sorrido per le contratture mie e di tutti noi.

Sternocleidomastoideo

Mi veniva sempre da ridere quando lei, probabilmente leggendoli dai giornali, veniva da me a fare discorsi politici usando parole che non riusciva nemmeno a pronunciare correttamente e che suonavano macchinose. La parola più difficile che io conoscessi all'epoca era "sternocleidomastoideo", mentre lei parlava di decreti legislativi anti qualcosa e anti altro ancora che, detti da persone diverse, mi avrebbero fatto roteare gli occhi per la noia. Ogni tanto dicevo: "Mmmhh, certo, certo". Cercavo di capire quale tono usare e quali parole scegliere in base a come si esprimeva lei. Non volevo che lei smettesse di condividere le sue passioni con me per un mio silenzio. E dentro di me aspettavo il momento giusto per dire la mia parola più complicata: "sternocleidomastoideo". O per darle un bacio. Che forse era più difficile di qualsiasi parola, ma sarebbe stato indubbiamente più bello.

Potremmo amarci

Potremmo amarci
come gli eschimesi,
strofinando i nostri nasi.
O come i tedeschi,
non so, dividendo un bretzel?
Potremmo amarci
come i portoghesi,
scambiandoci *saudade* a vicenda.
Oppure amarci senza troppe fesserie
in quel bar a bere qualcosa
senza sapere ma
desiderandoci tanto.

Chiariamoci

Ah se l'amavo. Era veramente perfetta. Cioè, chiariamoci, avesse avuto un naso meno pronunciato non me la sarei presa. Nemmeno se gli occhi fossero stati meno "a palla". Ok, in realtà le orecchie forse erano un po' vistose e le spuntavano dai capelli lunghi. I capelli, fantastici. Tranne nei giorni di umido, forse sembravano troppo crespi. Però, dai, alla fine mi piacevano. Avrei voluto dirle di mangiare più salutare, forse per quello aveva un po' di carne sui fianchi. Non solo sui fianchi. Anche sulle gambe, avrebbe potuto fare un po' di sport. Correre, invece di prendere la macchina per fare due metri. Però, boh. Alla fine mi viene da pensare che se una pensasse queste cose di me, e volesse cambiarmi così tanto, forse non mi ama per quello che sono. Così c'ho pensato. In effetti l'amavo con troppi cambiamenti. Cioè, chiariamoci, l'amavo. Solo, non com'era.

Quando ti bacio

Darti un bacio.
Chiederti scusa per l'imbarazzo e la paura.
E sperare che tu me ne chieda un altro per farmi perdonare.
Quando ti bacio e,
per un attimo,
apro gli occhi,
tutto intorno gira veloce:
le persone sono sfocate.
Ma tu, tu sei ben delineata nel mio cuore.
Sei quella giusta perché,
quando ti bacio,
hai il sapore di tutto ciò che amo.

Appunti da bar e anacardi

La fibrillazione di quando la ragazza che ti piace ti chiede, con un sorriso fatto di malizia e consapevolezza, se c'è qualcuna nella tua vita. Poi continua a bere, come se la risposta non le importasse, si sposta i capelli dalla cannuccia perché sa che le guardi le labbra e ti osserva con la coda dell'occhio. E forse non le importa davvero, e tu vorresti farla crepare di una eventuale gelosia e dire che c'è, ce ne sono molte. Oppure no, vorresti dirle la verità, che è lei con quel suo sorriso malizioso e quella consapevolezza che non ti snerva, è lei quella che in quel momento della tua vita occupa i tuoi pensieri. E con questo megapreambolo descrittivo della situazione perfetta per uscire vittorioso, balbetti un suono che nemmeno so riprodurre. «Uuh-hh.» «Come dici?» «No, niente mi sono soffocato con quell'anacardo.» Fine della serata.

La sensazione

La sensazione strana
che ti assale
quando vorresti dirle qualcosa
e non riesci.
O forse
hai paura
di non sapere
come dire
quello che vorresti dirle.
O, peggio,
di non doverle dire
niente.

Come quando

Come quando stai guardando un film coi genitori, e senti che sta per arrivare una scena un po' spinta. E allora guardi altrove, fai domande di qualsiasi tipo ad alta voce, fingi di essere interessato al tipo di parquet (sul quale cammini da vent'anni). Come quando ascolti una canzone, sai che sta arrivando un pezzo in cui c'è una parolaccia e sei con persone che non conosci allora aspetti che magari le dicano loro. O nessuno le dice, si fa quel "mmhhmmm" di quando non sai cosa dice il cantante ma lo sapete tutti benissimo. Ecco, quella volta in cui avevamo smesso di parlare, avevo quel sentore e sono sicuro lo avessi anche tu. Il momento in cui "devi" baciarla. Ché sennò dovrai guardare altrove o cantare "mmhhmmm" per far passare quell'occasione persa. Ti guarda le labbra, stai per morire: «Sai mi sembra come quando sei coi genitori e c'è una scena spinta». «Mmhhmmm». E lei ti bacia.

Piatto dopo piatto

Quella sera che ti portai a cena fuori, non avevo un'idea precisa dei tuoi gusti. Scelsi un posto carino che aveva un po' di tutto e speravo sopra ogni cosa che i miei piatti non fossero piccanti. Sia perché la mia sudorazione per l'emozione era ad alti livelli. E sia per. Be', basta questo. Mi nascondevo dietro il menu, sperando che scegliessi me tra le varie opzioni, che volessi rischiare prendendo un universo a te sconosciuto, con un passato da raccontare e un futuro da scrivere assieme. E da raccontarci come passato in un futuro ancora più lontano. Ti limitasti a ordinare un solo piatto inizialmente. Ci saremmo conosciuti un piatto alla volta. Parlavo io e mangiavi tu, mangiavo io e parlavi tu. Fui felice di vedere che arrivasti a scegliere il dessert e che, all'uscita del locale, mi dicesti: «In realtà, non sono ancora sazia». «Neanche io.» E sapevo che, come me, non parlavi del cibo.

Buonanotte

Buonanotte
a te che leggi
e non sai
che quello che scrivo è per te,
anche ora che sorridi mentre siamo assieme.
Ecco: questo tuo sorriso,
come ogni tua lacrima,
mi fa amare ancora.
E buonanotte anche a me
che magari non farò la storia,
ma almeno qualche riga della tua
fammela scrivere assieme a te.

Ringraziamenti

Ringrazio la mia Roberta, per aver dato speranza a un romantico che ne era sprovvisto e per esserci sempre. Ringrazio di cuore i miei genitori per avermi sostenuto, guidato e consigliato già dai primi temi di scuola elementare e per avermi spronato in tutti i campi della vita. Ringrazio i miei fratelli per la loro presenza costante e per aver ascoltato le mie paturnie a distanza senza mai chiudermi il telefono, mio cognato e le mie nipoti per non farmi mancare il loro affetto. Ringrazio i miei amici di sempre, Guido, Nino, Fabio, Claudio e Alessandro, per non avermi espulso dal gruppo nonostante le mie pessime battute. Ringrazio l'Editore, Ilaria e Catia per aver creduto nel mio progetto e per la pazienza avuta durante tutto il percorso. Ringrazio tutti quelli che mi hanno seguito fin dall'inizio e tutti quelli che si sono aggiunti man mano, per sostenermi e non: anche questo mi ha permesso di crescere.

Indice

Questo volume è stato stampato nel giugno 2019
presso Grafica Veneta – Trebaseleghe (PD)